CLÁSICOS

Johann Wolfgang von Goethe (1749-1832) nació en Frankfurt am Main. Comenzó estudios de derecho en Leipzig que tuvo que abandonar a causa de una enfermedad durante la cual, en Frankfurt, estudió filosofía ocultista, astrología y alquimia. En 1770 se trasladó a Estrasburgo para continuar sus estudios de derecho y fue allí donde conoció a Friederike Brion, modelo para los personajes femeninos de sus obras, y al filósofo y crítico literario Johann Gottfried von Herder, el causante de que Goethe abandonara los preceptos del clasicismo francés por la expresión directa de las emociones que desembocaría en la colaboración en *Sobre el estilo y el arte alemán* (1773), manifiesto del movimiento Sturm und Drang, el germen del romanticismo alemán. Al año siguiente publicó *Las desventuras del joven Werther*, considerada como la primera novela representativa de la literatura moderna. Tras varias publicaciones menores, en 1775 Carlos Augusto, heredero del ducado Sajonia-Weimar, le invitó a vivir y trabajar en la capital, uno de los centros literarios e intelectuales de Alemania, una época crucial para el desarrollo y la madurez tanto literaria como intelectual de Goethe, que vivió en Weimar hasta su muerte. Allí comenzó la composición de algunas de sus obras más famosas, como *Ifigenia en Táuride* (1786) y *Fausto*, al que sometería a cambios después de su estancia en Italia desde 1786 a 1788. Allí compuso las obras que fundarían el clasicismo alemán: *Egmont* (1775) y *Torquato Tasso* (1789). A su regreso a Weimar escribió, entre otras obras capitales, los poemas de *Elegías romanas* (1795) y *Diván de Oriente y Occidente* (1819), el poema épico *Hermann y Dorotea* (1797), las novelas *Las afinidades electivas* (1809) y *Los años de aprendizaje de Wilhelm Meister* (1821), el libro de viajes *Viajes italianos* (1816), *Poesía y verdad*, su autobiografía (1833), y la segunda parte de su poema dramático *Fausto*, publicado póstumamente en 1832.

Los sufrimientos del joven Werther

Johann Wolfgang Goethe

Traducción de
José María Valverde
Prólogo de
Gustavo Martín Garzo

DEBOLSILLO

Título original: *Die Leiden des jungen Werther*
Diseño de la portada: Sylvia Sans Bassat
Fotografía de la portada: *The Tree of Crows*, 1822, de Caspar David Friedrich. Louvre, París. The Bridgeman Art Library

Primera edición: octubre, 2006

Printed in Spain – Impreso en España

ISBN-13: 978-84-8346-126-6
ISBN-10: 84-8346-126-9
Depósito legal: B. 37.898 - 2006

Fotocomposición: Lozano Faisano, S. L. (L'Hospitalet)

Impreso en Novoprint, S. A.
Energia, 53. Sant Andreu de la Barca (Barcelona)

P 8 6 1 2 6 6

UN DÍA MÁS

Cuando Goethe escribió esta novela tenía poco más de veinte años de edad. Su publicación fue un éxito desbordante e insólito que le convirtió en un escritor famoso. Basada vagamente en una experiencia autobiográfica, la obra popularizó la figura de su protagonista como el arquetipo del héroe romántico. Su influencia fue tan grande que puso de moda entre los jóvenes el frac azul y chaleco amarillo del desventurado Werther, y llegó a provocar una oleada de suicidios que obligó a Goethe a introducir una nota de advertencia en la segunda edición. Fue con *Los bandidos* de Schiller una de las obras fundadoras del *Stum und drang*, movimiento literario alemán que marca el inicio del romanticismo y que valora el sentimiento y la originalidad por encima de la razón y de las convenciones sociales. *Los sufrimientos del joven Werther* es, sin embargo, una novela muy sencilla, sin apenas desarrollo argumental. El joven Werther, un hombre inteligente y sensible, con un claro temperamento artístico, se enamora de Carlota, prometida ya en matrimonio. Intenta alejarse de ella, pero acaba regresando a su lado e incapaz de refrenar su pasión acaba suicidándose. Es una novela epistolar, un diario, en que el desventurado joven va anotando el itinerario espiritual de su alma. Desde el goce inicial del primer encuentro con Carlota, y de su repentino amor por ella, hasta su oscuro y doloroso final. Una obra llena de encanto, de inteligentes reflexiones sobre la naturaleza, los niños y el sentido del arte, pero también de oscuridad y dolor, capaz de combinar con una maestría inigualable lo más delicado y amable con lo más tenebroso. Y es, claro, una novela sobre el amor. El amor que no distingue entre razón y sentimiento, entre lo real y lo irreal. El amor como deslumbramiento y hechizo, como experiencia que nos permite recuperar la unión con el mundo y los poderes de la naturaleza, pero también como oscuridad y daño, como mensajero inesperado de la muerte. Todos los temas y obsesiones románticas están en este pequeño y deslumbrante libro: la primacía del deseo, la fusión entre el amor y la muerte, la alienación, el culto a los sentimientos por encima de la razón, y la importancia del mundo de lo nocturno, de los presagios y la imaginación. En él se plantea ese dualismo esencial del hombre, que tiene que hacer convivir en su corazón orden y sentimiento, vida y muerte, luz de las tinieblas y luz del cielo. Cada uno de estos extremos da paso a un tipo de amor: el amor cortés y dichoso que nos acerca al mundo, el amor como encantamiento; y el amor oscuro y terrible, que se enfrenta a los límites, el amor como hechizo fatal. «La noche es sublime —escribió Kant—, el día es bello. Los que poseen el sentimiento de lo sublime están inclinados hacia los sentimientos elevados de la amistad, la eternidad, el desprecio del mundo, el silencio de las noches de verano tachonadas por la temblorosa luz de las estrellas y la solitaria luna en el horizonte. Lo sublime emociona, lo bello encanta. Lo sublime terrible, cuando se produce fuera de lo natural, se convierte en fantástico.»

Al mundo de lo bello pertenece la primera parte de la novela, en que el joven Werther nos habla de su llegada al campo, y de su encuentro con Carlota, y de la inmediata adoración que siente hacia ella. Son páginas jubilosas, en que el joven Werther nos habla con incontenible entusiasmo de su amor a la naturaleza y a los niños, su gusto por la poesía y la música, sobre todo cuando es Carlota su intérprete. Hay dos momentos maravillosos: su primer baile con Carlota, y ese otro casi cómico en que, una tarde en que no la ha podido visitar, está punto de abrazar al criado que regresa con noticias suyas, como si por haber estado a su lado fuera digno de la misma adoración. Estamos en el territorio de lo bello, del amor como encantamiento, en el mundo del día. Un mundo delicado y benigno que se transformará en una auténtica pesadilla tan pronto como Werther compruebe que Carlota nunca le pertenecerá. La novela cambia entonces por completo para entrar en un túnel cada vez más sombrío en que página a página asistiremos al deterioro del joven amante, que finalmente decide quitarse la vida. Este amor extremado, llevado hasta sus últimas consecuencias, pertenece al reino de la noche, de la tempestad y la pesadilla, al mundo siniestro de lo sublime. Y ciertamente la carta que Werther escribirá como despedida es uno de los ejercicios más siniestros de la historia de la literatura. Estremece leerla. No sólo por la pasión y el dolor que hay en ella, sino por su profunda perversidad. Werther la escribe de una forma fragmentaria, y en ella va dando cuenta a su amada Carlota de todo lo que le acontece en esos últimos momentos, desde la profunda desesperación en que se sume hasta cómo se las arregla para conseguir el arma que necesita para llevar a cabo su lúgubre plan. Es especialmente significativo este detalle de las armas. Werther se mata con las pistolas de su rival, para lo que manda a su criado que vaya a pedírselas simulando que las necesita para salir de caza. Aún más, cuando su criado le dice que es la propia Carlota quien las ha sacado del armario para dárselas, escribe en su carta: «Han pasado por tus manos, tú les has quitado el polvo; las beso mil veces. Las has tocado, y tú, espíritu celestial, favoreces mi decisión; tú, Carlota, me alargas las armas, tú, de cuyas manos desearía recibir la muerte, y, ay, ahora la recibo». Es imposible que Werther ignore el efecto fatal que estas palabras tendrán sobre la infeliz Carlota. Por eso hablé antes de perversidad, ya que es difícil imaginar que esta carta haya sido escrita con otro propósito que destruir a Carlota. Más allá de su aparente ingenuidad, Werther se comporta como el celoso amante que se niega aceptar que la persona amada tenga una vida al margen de la suya.

Werther me recuerda a ese otro gran personaje trágico que es Otelo. También Otelo siente al principio de la obra de Shakespeare una pasión pura y limpia por Desdémona, hasta que enloquecido por los celos decide matarla. Otelo y Werther son amantes terribles puesto que imponen la ley absoluta de su deseo sobre los que aman. Por lo que cuestionan el orden del amor, que tiene en el cuidado del otro su verdadera razón de ser.

Hay al final de *Otelo* un momento extraordinario. Desdémona consciente de que no logrará convencer a Otelo de su inocencia le pide que al menos le regale esa noche. «Por favor —le dice—, mátame mañana.» Me imagino a Carlota haciendo lo mismo, pidiendo a Werther que se olvide de las pistolas esa noche, tratando de conseguir un poco de tiempo. Ese tiempo robado a la muerte es la vida. María Zambrano dijo que Goethe no era verdaderamente grande porque como escritor le faltó pagar una prenda. La figura de un Werther que, contrariado por no obtener lo que quiere, decide arrastrar en su caída a su amada, lo demuestra. Como lo hará más tarde Fausto, su máxima creación, quien nunca se compromete verdaderamente con nada y reacciona con indiferencia al fin trágico de Margarita.

Aun así, todo en Goethe es admirable y no es posible leer sus libros sin sentirnos turbados por la fuerza y la grandeza de su literatura y de su ejemplo. En su juventud dijo a uno de sus amigos: «Todos tus ideales no me han de apartar de ser verdadero, esto es, bueno y malo, como la naturaleza». Y así es Werther, bueno y malo, como la naturaleza: por eso no duda en destruir lo que ama. Sin embargo, la literatura que prefiero es otra cosa: pagar una prenda, entregar vida a cambio de muerte, escuchar la voz de esas heroínas que piden a sus feroces amantes que las dejen vivir un día más.

GUSTAVO MARTÍN GARZO

LOS SUFRIMIENTOS DEL JOVEN WERTHER

Cuanto he podido averiguar sobre la historia del pobre Werther lo he reunido con cuidado y lo presento aquí, sabiendo que se me agradecerá. No podéis rehusar vuestra admiración y cariño a su espíritu y su carácter, ni vuestras lágrimas a su suerte.

Y tú, alma excelente que sientes la misma congoja que él, recibe consuelo de su sufrimiento, y deja que este librito sea tu amigo, si no puedes encontrar otro más íntimo, por el destino o por tu culpa.

LIBRO PRIMERO

4 de mayo de 1771

¡Qué contento estoy de haberme marchado! Amigo inmejorable, ¿qué es el corazón del hombre? Abandonarte a ti, a quien quiero tanto, y de quien no me podía separar, ¡y estar contento! Ya sé que me perdonas. ¿Acaso mis demás relaciones no fueron elegidas por el destino para angustiar un corazón como el mío? ¡Pobre Leonor! Sin embargo, he sido inocente. ¿Podía remediar yo que, mientras los encantos voluntariosos de su hermana me procuraban un agradable entretenimiento, se formase una pasión en ese pobre corazón? Pero, sin embargo, ¿soy completamente inocente? ¿No he estimulado sus sentimientos? ¿No me he divertido con las expresiones auténticas de su naturaleza, que tantas veces nos hacían reír, aunque no fueran nada risibles; no he sido yo…? ¡Ah, qué es el hombre para que se pueda acusar a sí mismo! Te aseguro, mi buen amigo, que quiero mejorarme, que no he de volver a rumiar ni el más pequeño de los males que nos depare el destino, como lo he hecho siempre; quiero disfrutar el presente, y lo pasado será pasado para mí. Ciertamente, tienes razón, mi inmejorable amigo: los dolores serían menores entre los hombres si éstos —Dios sabe por qué están hechos así— no se ocuparan con tanto ahínco de imaginación en evocar los recuerdos de los males pasados en vez de soportar un presente tolerable.

Ten la bondad de decir a mi madre que me estoy ocupando lo mejor que puedo de su asunto y le daré enseguida noticias sobre él. He hablado con mi tía, y no la he encontrado ni con mucho como esa perversa mujer de que se habla entre nosotros. Es una mujer vivaz y vehemente, con el mejor de los corazones. Le expliqué el disgusto de mi madre por la parte de la herencia que le han retenido: me dijo sus razones y causas, y las circunstancias bajo las cuales estaría dispuesta a dejarlo todo, y aún más de lo que pedíamos. En resumen: ahora no puedo escribir nada sobre esto, di a mi madre que todo irá bien: y, mi excelente amigo, en este pequeño asunto he vuelto a comprobar que los malentendidos y la pereza quizá causan más extravíos en este mundo que la astucia y la perversidad. Al menos, estas dos últimas cosas ciertamente que son más raras.

Por lo demás, me encuentro muy bien: la soledad es un bálsamo precioso para mi corazón en este lugar paradisíaco; y la estación de la juventud calienta con toda riqueza este corazón que se estremece tan a menudo. Cada árbol, cada matorral es un ramillete de flores, y uno querría volverse abejorro para revolotear por este mar de aromas, encontrando en él todo su alimento.

La propia ciudad es desagradable, pero en torno de ella hay una inefable hermosura de la Naturaleza. Esto movió al difunto Conde de M… a situar su jardín en una de las colinas que se enlazan con la más bella variedad, formando los más amenos valles. El jardín es sencillo, y se siente al entrar que no trazó su plano un sabio jardinero, sino un corazón sensible que quería aquí disfrutar de sí mismo. Ya he vertido muchas lágrimas por el difunto en el arruinado cenador, que era su lugar predilecto y lo es también para mí. Pronto seré dueño de este jardín: al jardinero le conozco sólo hace unos días, pero no se encontrará mal conmigo.

10 de mayo

Una admirable serenidad ha invadido toda mi alma, semejante a la dulce mañana primaveral que disfruto con todo mi corazón. Estoy solo y disfruto mi vida en este lugar, creado para almas como la mía. Soy tan feliz, mi buen amigo, estoy tan completamente sumergido en la sensación de existir en paz, que mi arte se resiente de ello. Ahora no podría dibujar ni una línea; y jamás he sido un pintor mayor que en estos momentos. Cuando el ameno valle exhala su humedad en torno de mí, y el alto sol descansa en la superficie de la tiniebla impenetrable de mi bosque, en cuyo íntimo santuario sólo penetran algunos rayos, me tiendo en la alta hierba, al lado de la cascada del arroyo, y observo con admiración, al acercarme a la tierra, mil hierbecillas diversas: cuando percibo el zumbar de este pequeño mundo entre los tallos, y siento más cerca de mi corazón las incontables y misteriosas formas de los gusanillos, de los mosquitos, y noto la presencia del Todopoderoso, que nos creó a su imagen, el soplo de Aquel que es todo amor, que nos sostiene y mantiene flotando en eterna delicia: amigo mío, cuando luego oscurece en torno a mis ojos, y el mundo a mi alrededor y el cielo reposan en mi alma como la forma de una amada, entonces, muchas veces siento anhelo y pienso: ¡Ay, si pudieras volver a expresarlo, si pudieras dar aliento en el papel a esto que vive en ti tan pleno, tan cálido, de modo que se convirtiese en el espejo de mi alma, igual que tu alma es el espejo del infinito Dios! ¡Amigo mío! Pero aquí sucumbo; caigo bajo el poder de la gloria de estas visiones.

12 de mayo

No sé si hay espíritus engañadores cerniéndose en torno a este lugar, o si es la cálida fantasía celeste de mi corazón lo que hace tan paradisíaco cuanto me rodea. Delante mismo del lugar hay una fuente, una fuente a la que me siento sujeto como Melusina volviendo con sus hermanas. Bajas por una pequeña cuesta y te encuentras ante una cueva, a la que se desciende por veinte escalones, y en lo hondo mana el agua más clara brotando de peñascos marmóreos. El pequeño muro que cierra por arriba el recinto, los altos árboles, que cubren el lugar rodeándolo, la frescura del lugar, todo ello tiene algo de hechizador y de inquietante. No pasa un día en que no me siente allí a perder algunas horas. Entonces vienen las muchachas de la ciudad a sacar agua, la ocupación más inocente y necesaria, que antaño realizaban las mismas hijas de reyes. Mientras estoy allí sentado, el recuerdo de los patriarcas vive intensamente ante mí, y pienso cómo ellos entablaban conocimientos y cortejaban en las fuentes, y cómo se ciernen espíritus bienhechores alrededor de las fuentes y manantiales. Ah, quien nunca se haya recreado en la frescura de la fuente tras una pesada caminata en verano, no puede comprender lo que es esto.

13 de mayo

¿Preguntas si me has de mandar más libros? Querido mío, por Dios te lo pido, no me los ates al cuello. No quiero ya ser guiado ni animado ni encendido; este corazón ya arde bastante por sí mismo: necesito canciones de cuna, y las he encontrado en abundancia en mi Homero.[1] ¡Cuántas veces arrullo mi sangre agitada hasta que se me duerme! Pues jamás has visto nada tan desigual, tan inconstante como este corazón. Amigo mío, ¿tengo que decírtelo a ti, que tantas veces sobrellevaste la carga de verme pasar de la aflicción al libertinaje, y de la dulce melancolía a la pasión letal? Yo también tengo a mi corazón como un niño enfermo: le concedo todo lo que se le antoja. No lo cuentes, porque hay quienes me lo tomarían a mal.

15 de mayo

La gente humilde del lugar ya me conoce y me quiere, sobre todo los niños. Al principio, cuando me acercaba a ellos para preguntarles amistosamente sobre esto o lo otro, algunos creían que quería burlarme de ellos y me rechazaban groseramente. Yo no me enojaba por eso, solamente sentía lo que ya he sentido muchas veces del modo más vivo: la gente de cierta posición siempre se mantiene en frío

1. Werther, que empieza como entusiasta de Homero, acaba, en las últimas páginas del libro, como entusiasta traductor de Ossián, el apócrifo autor de epopeyas que falsificó y fingió descubrir Macpherson, en la época de inicios del romanticismo. El propio Goethe, en cambio, que había empezado como admirador de Ossián en su juventud, le contrapone luego a la grandeza de Homero, y tiene por fin la alegría de saber que se trataba de una superchería.

distanciamiento respecto a la gente vulgar, como si creyeran perder con el acercamiento, y además, hay frívolos y malos bromistas que parecen rebajarse para hacer más sensible su altanería a la pobre gente.

Sé muy bien que no somos iguales ni podemos serlo, pero considero que quien cree necesario distanciarse de la llamada plebe para mantener el respeto, es tan censurable como un cobarde que se oculta del enemigo porque teme sucumbir ante él.

Hace poco fui a la fuente y encontré una joven muchacha de servicio, que había puesto su cántaro en el último escalón y miraba alrededor a ver si alguna compañera le quería ayudar a ponérselo en la cabeza. Yo bajé y la miré:

—¿Quiere que la ayude, joven? —dije.

Ella enrojeció cada vez más.

—¡Oh, no, señor! —dijo—. No faltaba más.

Levantó el cántaro y yo la ayudé. Me dio las gracias y subió.

17 de mayo

He hecho toda clase de conocimientos, pero todavía no he encontrado compañía. No sé qué puedo tener de particular para los demás: muchos quieren que sea de los suyos, y se cuelgan de mí; y me duele que nuestro camino sea sólo el mismo por un buen trecho. Si me preguntas cómo es aquí la gente, tengo que decirte: como en todas partes. El género humano es una cosa uniforme. La mayor parte de ellos pasan la mayor parte del tiempo trabajando para vivir, y lo poco que les queda de libertad les da tanta angustia, que buscan todos los medios para librarse de ella. ¡Oh, condición del hombre!

Pero es una excelente clase de gente. Cuando a veces me olvido de mí mismo, y disfruto con ellos de los gozos que todavía están reservados a los hombres, bromeando ante una mesa bien servida, con toda sinceridad y franqueza de ánimo, o bien organizando un paseo, un baile en el momento adecuado, y cosas semejantes, esto me produce un excelente efecto: solamente no debo acordarme de que otras muchas fuerzas diversas reposan en mí, enmoheciendo sin provecho, y tengo que ocultarlas cuidadosamente. ¡Ah, esto me aprieta el corazón! Y sin embargo, nuestro destino es ser mal entendidos.

¡Ay, desapareció la amiga de mi juventud! ¡Ay!, ¿por qué la habré conocido? Diría: eres un loco, que buscas lo que no se puede encontrar aquí abajo; pero la he tenido, he sentido su corazón, su alma grande, en cuya presencia me parecía ser más de lo que yo era, porque era todo lo que podía ser. ¡Dios mío!, ¿había entonces una sola energía en mi alma que quedara sin utilizar? ¿No podía desplegar ante ella todo el admirable sentir con que rodea a mi corazón la Naturaleza? Nuestro trato ¿no era un eterno entretejerse de la más sutil sensibilidad, del más agudo ingenio, cuyas variantes, hasta la picardía, estaban todas marcadas con el sello del genio? ¡Y ahora...! Ay, los años en que me aventajaba la llevaron a la tumba antes que a mí. Nunca la olvidaré, ni su firme sentir ni su divina paciencia.

Hace pocos días encontré a un joven V..., un muchacho simpático, agraciado de cara. Sale de las Academias, y no se considera precisamente un sabio, pero cree saber más que otros. También ha sido aplicado, según pude notar ampliamente; en una palabra, tiene buenos conocimientos. Cuando supo que yo dibujaba mucho y sabía griego (dos fenómenos raros en este país), se acercó a mí y desembuchó mucha sabiduría, desde Batteux hasta Wood, desde De Piles hasta Winckelmann, y me aseguró que había leído entera la teoría de Sulzer, en su primera parte, y que tenía un manuscrito de Heyne sobre el estudio de la Antigüedad. Yo lo di todo por bueno.[2]

También he conocido a un hombre excelente, el administrador del príncipe, un hombre franco y de alma noble. Se dice que es un gozo del alma verle entre sus hijos, pues tiene nueve: especialmente, se habla mucho de su hija mayor. Me ha invitado, y le iré a ver un día de éstos. Vive en un pabellón de caza del príncipe, a hora y media de aquí, adonde tuvo permiso para retirarse a la muerte de su mujer, porque le resultaba muy penoso permanecer aquí en la ciudad, en la casa de la administración.

Por lo demás, me han salido al paso algunos tipos ori-

2. Charles Batteux (1713-1780) escribió un *Cours des belles lettres ou Principes de la Littérature*, y está considerado como uno de los principales estéticos franceses de la época clasicista. Robert Wood (1716-1771) fue autor de una obra entonces básica sobre Homero: *An Essay on the original venius and writings of Homer* (Londres, 1768). Roger de Piles (1635-1709) escribió obras sobre la pintura. Johann Joachim Winckelmann (1717-1768) fue la figura decisiva que creó el ideal «clasicista» de la antigua Grecia, sobre todo en su *Geschichte der Kunst des Altertums* («Historia del arte de la Antigüedad»). Winckelmann dejó acuñada, con profundísima influencia en toda la cultura posterior, la imagen de la cultura helénica como un mundo sereno, puro y de blancura marmórea. Johann Georg Sulzer (1720-1779) acababa de publicar entonces el primer tomo de su *Allgemeinen Theorie der Schönen Künste* («Teoría general de las bellas artes»), uno de los primeros tratados sistemáticos de estética, orientado por un moralismo que no agradó a Goethe. Christian Gottlob Heyne (1729-1812) era entonces profesor en la Universidad de Göttingen, y los apuntes de sus lecciones —todavía no recogidas en libro— circulaban con gran admiración entre los aficionados al arte.

ginales y descompuestos, en quienes todo resulta insoportable, especialmente sus manifestaciones de amistad.

Adiós. Esta carta te gustará: es completamente histórica.

22 de mayo

Ya se les ha ocurrido a muchos que la vida del hombre es sólo un sueño, y también a mí me invade esta sensación. Cuando veo la limitación en que están encerradas las fuerzas activas e investigadoras del hombre; cuando veo cómo toda actividad se disipa en procurar saciar las necesidades, que a su vez no tienen ninguna finalidad sino alargar nuestra pobre existencia; y además, que toda la satisfacción que se puede hallar sobre ciertos puntos de lo que tanto se persigue es sólo una resignación soñadora, pintando con formas policromas y perspectivas iluminadas los muros entre los que estamos prisioneros... todo esto, Guillermo, me deja mudo. Regreso a entrar en mí mismo y encuentro un mundo: también aquí, más hecho de presentimiento y deseo oscuro que de representación y fuerza viva. Y entonces todo se diluye ante mis sentidos, y sonrío, siguiendo adelante por el mundo con mis sueños.

Todos los sabios maestros de escuela y de Corte están de acuerdo en que los niños no saben lo que quieren: pero que también los mayores, igual que niños, dan vueltas tambaleándose por esta tierra, y, lo mismo que aquéllos, no saben de dónde vienen ni adónde van, yendo tras de falsos objetivos, igual que ellos, y pueden ser igualmente gobernados con bizcochos, pasteles y golosinas: esto no lo quiere creer nadie de buen grado, aunque me parece que se puede palpar con las manos.

Te lo confieso de buena gana, pues sé que tú querrías decirme a esto que los más felices son aquellos que, como los niños, viven al día, sacan a pasear a sus muñecos, vistiéndolos y desnudándolos, y dando vueltas con gran respeto en torno al cajón donde mamá guarda los pasteles; y cuando por fin obtienen lo deseado, lo devoran a dos carrillos, y gritan: ¡más! Son criaturas felices. Y también les va bien a aquellos que dan títulos espléndidos a sus ocupaciones miserables o a sus pasiones, y las presentan ante el género humano como operaciones colosales para su salvación y bienestar. Feliz quien pueda ser así. Pero quien reconoce en su humildad adónde va a parar todo, quien ve con qué diligencia sabe convertir en paraíso su jardincillo todo burgués a quien le van bien las cosas, y qué despreocupadamente anda también por su camino el desgraciado bajo su carga, y cómo todos están igualmente interesados en ver un minuto más la luz de este sol..., sí, éste se queda en paz y se forma también un mundo en sí mismo, y también es dichoso, porque es hombre. Y luego, por limitado que esté, sigue conservando siempre en su corazón, sin embargo, la dulce sensación de la libertad y de que puede abandonar esta cárcel cuando quiera.

26 de mayo

Ya conoces hace mucho mi manera de acomodarme, de hacerme una cabaña en un lugar propicio, albergándome en ella aun con todas las limitaciones. También aquí he encontrado un pequeño lugar que me ha venido bien.

A cerca de una hora de la ciudad hay un lugar que llaman Wahlheim.* Su colocación en una colina es muy sugestiva, y cuando se sale hacia la aldea por el sendero, se contempla de repente el valle entero. Una excelente posadera, agradable y vivaz para su edad, ofrece vino, cerveza y café; y lo que es mejor, hay dos tilos que con sus ramas extendidas cubren el pequeño terreno de delante de la iglesia, que está cerrado alrededor con casas de labradores, cobertizos y corrales. Nunca he encontrado fácilmente un sitio tan acogedor, tan escogido; así, hago sacar mi mesita y mi silla de la posada, tomo el café y leo a mi Homero. La primera vez que llegué por casualidad bajo estos tilos, una hermosa tarde, encontré el lugar muy solitario. Todos estaban en el campo: sólo había un niño de unos cuatro años, sentado en el suelo, que tenía a otro niño, como de año y medio, sentado entre sus pies, sujetándolo con ambos brazos contra el pecho, de modo que le servía como una especie de silla; a pesar de la vivacidad de sus ojos negros, estaba muy quieto. Me divirtió el espectáculo: me senté en un arado que había delante, y dibujé con gran placer aquella fraternal postura. Le añadí la empalizada más cercana, una puerta de pajar y algunas ruedas rotas de carro, todo ello, tal como estaba al fondo, y al cabo de una hora encontré que había terminado un dibujo bien compuesto y muy interesante, sin añadir nada por mi parte. Esto me reafirmó en mi propósito de atenerme en lo sucesivo solamente al natural. Sólo la Naturaleza tiene una riqueza sin fin, y sólo ella forma al gran artista. Se puede decir mucho a favor de las reglas, aproximadamente lo que se puede

* El lector no se molestará en buscar el lugar aquí indicado: ha habido necesidad de cambiar todos los nombres auténticos que se encontraban en el original. *(Nota de Goethe.)*

Wahlheim, «hogar de elección». *(N. del T.)*

decir en alabanza de la sociedad burguesa. Una persona que se forme con arreglo a ellas, nunca producirá nada malo ni de mal gusto, del mismo modo que uno que se deja modelar por las leyes y el decoro, jamás llegará a ser un vecino insoportable ni un malvado notable: pero dígase lo que se quiera, todas las reglas destruyen el verdadero sentimiento de la naturaleza y la auténtica expresión. Dirás que esto es demasiado duro: que sólo se trata de limitar, de cortar los sarmientos secos, etc. Amigo mío, ¿he de ponerte una comparación? Ocurre como con el amor. Un corazón joven se esclaviza a una muchacha: pasa todas las horas del día con ella y disipa todas sus fuerzas y todos sus haberes para expresarle a cada momento que se le entrega por completo. Y si llegara entonces un burgués, un hombre que esté en un cargo público, y le dijera: ¡Estimado joven! ¡Amar es humano, pero hay que amar humanamente! Distribuya sus horas; las unas para el trabajo, y las horas de descanso dedíquelas a su amada. Eche cuentas de su hacienda, y lo que le sobre de lo indispensable, no le prohíbo que lo emplee en algún regalo, pero no con demasiada frecuencia: por ejemplo, el día de su cumpleaños, de su santo, etc. Si obedece a este hombre, habrá un joven útil, y yo mismo aconsejaría a cualquier príncipe que lo sentara en algún Consejo; pero se acabó su amor, y, si es artista, se acabó su arte. ¡Oh amigo mío! ¿Por qué brota tan raramente el torrente del genio; por qué tan raramente muge en altas olas, estremeciendo vuestras almas atónitas? Querido amigo, allí viven los señores bien acomodados, a ambos lados de la orilla, cuyos invernaderos, macizos de tulipanes y campos de hortalizas desaparecerían en ese caso, y que, por tanto, saben evitar a tiempo el peligro que amenaza para el porvenir, con diques y desviaciones.

Según veo, he caído en éxtasis, metáforas y declaración, con lo cual he olvidado contarte qué ocurrió luego con esos niños. Yo llevaba dos horas sentado en mi arado, totalmente hundido en mi entusiasmo pictórico, que te presentó muy fragmentariamente mi carta de ayer, cuando, al atardecer, llegó una mujer joven, se acercó corriendo a los niños, que no se habían movido, con una cestita al brazo, y gritó desde lejos:

—¡Felipe, eres muy bueno!

Me saludó, y yo le respondí; me puse de pie, y me acerqué a preguntarle si era la madre de los niños. Ella asintió, y, dando al mayorcito medio bollo, tomó al pequeño y le besó con todo el cariño maternal.

—Le he dicho a mi Felipe —dijo— que tuviera al pequeño, y he ido con el mayor al pueblo, para traer pan blanco y azúcar y una olla de barro.

Vi todo ello en el cesto, cuya tapa se había caído.

—Voy a hacerle a mi Juan —ése era el nombre del pequeño— una sopa para que cene; ese pillastre, el mayor, me rompió ayer la olla peleando con Felipe al repartir las gachas.

Pregunté por el mayor, y apenas me había dicho que andaba recogiendo unos gansos en el prado, cuando llegó de un salto, y le dio al segundo una varita de avellano. Yo seguí conversando con la mujer, y supe que era hija del maestro de escuela, y que su marido estaba en Suiza, de viaje para recoger la herencia de un tío.

—Le han querido engañar —dijo— sin contestar a sus cartas: por eso ha ido él mismo. Espero que no le haya ocurrido ninguna desgracia: no he sabido nada de él.

Me costó separarme de la mujer: di una moneda a cada

uno de los niños, y la del pequeño se la di a la madre para que le trajera un bollo para la sopa cuando fuera al pueblo, con lo cual nos despedimos.

Te digo, querido mío, que aunque mis sentidos no quieren contenerse, todo el mundo se aplaca al contemplar tales criaturas que andan con feliz tranquilidad por el estrecho círculo de su existencia, arreglándoselas para pasar de un día a otro, y viendo caer las hojas sin pensar sino que llega el invierno.

Desde entonces he ido por allí a menudo. Los niños se han acostumbrado a mí, y me piden azúcar cuando tomo café, y por la tarde comparten conmigo el pan con mantequilla y la leche agria. Los domingos no les falta una moneda, y si no estoy a la hora de la oración, la posadera tiene orden de pagársela.

Tienen familiaridad conmigo, me lo cuentan todo, y sobre todo me divierto con sus apasionamientos y sus ingenuos arranques de codicia, cuando se reúnen varios niños de la aldea.

Mucho trabajo me ha costado quitarle a su madre la preocupación de que podrían incomodar al señor.

30 de mayo

Lo que te decía hace poco de la pintura, vale también ciertamente para el arte literario: se trata sólo de que se reconozca lo sobresaliente, de que se ose expresarlo, y entonces con poco se dice mucho. Hoy he visto una escena que, escrita simplemente, daría el más hermoso idilio del mundo: pero ¿de qué sirve la poesía, la escena y el idilio? ¿Siempre hay que usarlo para poder tomar parte en un espectáculo de la Naturaleza? Si con esta introducción esperas mucho de elevado y de noble, te engañas de mala manera: no era más que un muchacho labrador, lo que me ha arrebatado a esta viva impresión: como de costumbre, lo contaré mal, y, como de costumbre, pienso que me encontrarás exagerado: es otra vez Wahlheim, y siempre Wahlheim lo que da lugar a estas rarezas.

Había un grupo fuera, bajo los tilos, tomando café. Como no me acababa de resultar agradable, me quedé atrás con un pretexto.

Salió un mozo campesino de una casa vecina, y se dedicó a arreglar algo en el arado que yo había dibujado poco antes. Como me agradó su aire, le dirigí la palabra, preguntándole sobre su situación; pronto nos conocimos, y, como suele ocurrirme con esa clase de gente, pronto tuvimos confianza. Me contó que estaba al servicio de una viuda, que le tenía en gran consideración. Habló mucho de ella y la alabó de tal modo que pronto pude notar que estaba entregado a ella en cuerpo y alma. Ya no era joven, dijo; su marido la había tratado mal y no quería casarse más. Por su relato se echó de ver qué bella y qué encantadora le parecía, y cómo deseaba que le quisiera elegir para borrar el recuerdo de su primer marido; de tal modo que debería repetírtelo palabra por palabra para hacerte ver el puro afecto, el amor y la fidelidad de este hombre. Sí, tendría que tener las dotes del mayor de los poetas para poderte representar a lo vivo la expresión de sus gestos, la armonía de su voz, el fuego celeste de sus miradas. No, no hay palabras que expresen la ternura que había en toda su actitud y en todo su ánimo; es tosco todo lo que pudiera presentar. Me afectó especialmente cómo temía que yo pudiera considerar desigual su relación, por dudar de su buena educación. Era algo hechizador oírle hablar de la figura y del cuerpo de ella, que, aun sin el encanto juvenil, le imponía su poder y le encadenaba: sólo me lo puedo repetir en lo más íntimo de mi alma. En toda mi vida no he visto en tal pureza el deseo apremiante, el afán anheloso; aun diría: ni lo he visto ni lo he soñado en semejante pureza. No me censures si te digo que al recordar esta inocencia y sinceridad me arde lo más profundo del alma, y que la imagen de esta fidelidad y ternura me persigue por todas partes, y que anhelé y languidecí yo mismo, como inflamado por él.

Ahora quiero procurar verla cuanto antes, o más bien, si lo pienso, quiero evitarlo. Es mejor que la vea a través de los ojos de su enamorado; quizá ella no se presentaría ante mis propios ojos tal como está ahora, y ¿por qué voy a echar a perder esta hermosa imagen?

16 de junio

¿Por qué no te escribo? ¿Lo preguntas, y eres, sin embargo, de los sabios? Deberías adivinar que me encuentro a gusto, y por cierto… En pocas palabras, he conocido a alguien que afecta muy certeramente a mi corazón. Yo… no sé cómo decirlo.

Contártelo por orden, cómo fue que he conocido a una de las más amables criaturas, me costará trabajo. Estoy contento y feliz, y por tanto, no soy un buen autor de historia.

¡Un ángel! ¡Bah! Eso lo dicen todos de la suya, ¿no es verdad? Y sin embargo, no estoy en condiciones de decirte qué perfecta es, y por qué es tan perfecta: basta, me ha apresado todos mis sentidos. Tanta sencillez con tanta inteligencia, tanta bondad con tanta firmeza, y la paz del alma en la vida verdadera y en la actividad…

Todo esto es un feo garrapateo, lo que digo de ella; meras abstracciones, que no expresan ni un rasgo de ella misma. Otra vez... no, no te lo contaré otra vez: ahora mismo te lo quiero contar. Si no lo hago ahora, no sería nunca. Pues, entre nosotros, desde que empecé a escribirte, tres veces he estado a punto de dejar pluma, hacer ensillar mi caballo, y salir a pasear. Y sin embargo, esta mañana temprano me he jurado a mí mismo no salir a caballo, a pesar de lo cual a cada momento me acerco a la ventana a ver cómo está el sol de alto...

No he podido dominarme: tenía que salir a verla. Aquí estoy otra vez, Guillermo: tomaré de noche mi pan con mantequilla, y te escribiré. ¡Qué delicia para mi alma ha sido verla en el círculo de sus graciosos hermanitos, los ocho niños!

Si sigo así, sabrás al final tan poco como al principio. Oye pues: quiero obligarme a entrar en detalles.

Te escribí hace poco cómo conocí al administrador S..., y cómo me rogó que le visitara pronto en su eremítico retiro, o, mejor dicho, en su pequeño reino. Lo fui dejando y quizá nunca habría llegado a hacerlo si la casualidad no me hubiera descubierto el tesoro que estaba escondido en aquel silencioso lugar.

La gente joven de aquí había organizado un baile en el campo, al que asistí con mucho gusto. Me ofrecí como pareja a una excelente y hermosa señorita de aquí, por lo demás insignificante, y quedamos de acuerdo en que yo tomaría un coche para ir con mi pareja y con su tía al lugar de la diversión, recogiendo por el camino a Carlota S...

—Conocerá a una hermosa damita —dijo mi acompañante, cuando nos dirigíamos por el amplio bosque talado hacia el pabellón de caza.

—Tenga cuidado —añadió la tía— no se enamore de ella.

—¿Por qué? —dije.

—Ya está prometida —respondió— a un hombre excelente que ha salido de viaje para poner en orden sus asuntos, porque ha muerto su padre, y tiene que hacerse cargo de una importante hacienda.

La noticia me pareció bastante indiferente.

El sol estaba todavía a un cuarto de hora de los montes cuando llegamos ante la puerta del pabellón. Hacía mucho bochorno, y las señoras manifestaron su temor de una tormenta, que parecía condensarse en el horizonte en nubecillas grisáceas y lóbregas. Engañé su temor con apropiadas noticias sobre el tiempo, aunque también empezaba a parecerme que nuestra diversión iba a sufrir un rudo golpe. Yo había bajado, y una criada que salió a la puerta nos rogó perdonáramos un momento, y la señorita Carlota vendría enseguida. Crucé el patio hacia la bien construida casa, y cuando había bajado los escalones que había delante, y me acercaba a la puerta, me encontré a la vista del más encantador espectáculo que he visto jamás. En la antesala revoloteaban seis niños de once a seis años en torno a una joven de hermosa figura, estatura mediana, que llevaba un sencillo traje blanco con lazos rosa en las mangas y el pecho. Tenía un pan negro y les iba cortando su trozo a cada cual de los pequeños que la rodeaban, en proporción a su edad y apetito, dándoselo con alegría: todos gritaban sinceramente su ¡gracias!, después de haber tendido las manitas hacia lo alto mientras que se lo cortaba; y luego, contentos con su merienda, o se marchaban dando saltos, o, siguiendo un carácter más tranquilo, salían a la puerta a ver el coche y los forasteros con quienes se iba a marchar Carlota.

—Le ruego que me perdone —dijo— por hacerle que se moleste en entrar y por dejar fuera a las señoras esperando. Con esto de arreglarme y dejarlo todo organizado en casa para mi ausencia, se me había olvidado darles la merienda a los niños, y no quieren que nadie les reparta el pan sino yo.

Yo le hice un cumplimiento insignificante: toda mi alma quedó en reposo ante la figura, el tono, la actitud, y tuve apenas tiempo de recobrarme de mi sorpresa cuando ella entró hacia su cuarto para buscar los guantes y el bolso. Los pequeños me miraban desde lejos, a un lado, y yo me acerqué al más pequeño, que era un niño de hermoso aspecto. Él se echó atrás, en el momento en que Carlota volvía a la puerta, y le dijo:

—Luis, dale la mano al señor primo.

El niño lo hizo muy tranquilamente, y no pude contenerme de darle unos besos cordiales, a pesar de su naricilla mocosa.

—¿Primo? —dije, ofreciéndole el brazo—: ¿cree usted que soy digno de la dicha de estar emparentado con usted?

—¡Oh! —me dijo, con sonrisa ligera—: tenemos primos por todas partes, y sentiría mucho que usted fuera el más lejano.

Al marchar encargó a Sofía, la niña mayor después de ella, una muchacha de unos once años, que cuidara de los niños y diera sus saludos al papá, cuando volviera a casa de su paseo a caballo. A los pequeños les dijo que debían obedecer a su hermana Sofía como si fuera ella misma, lo cual algunos lo prometieron expresamente. Sin embargo, una rubita indiscreta, de unos seis años, dijo:

—Pero no eres tú, Carlota, y a ti te queremos más.

Los dos niños mayores habían trepado al coche, y a ruegos míos ella les permitió que vinieran hasta el bosque, si prometían no enredar y portarse bien.

Apenas nos hubimos acomodado, las señoras se cumplimentaron mutuamente por su vestido, haciendo preferentemente observaciones sobre los sombreros y comentando adecuadamente sobre la compañía que se esperaba: entonces Carlota hizo detener el coche para que bajaran sus hermanos, que todavía quisieron besarle la mano otra vez, lo cual el mayor lo hizo con todo el cariño que puede haber en quien tiene quince años, y el otro con mucha violencia y ligereza. Ella despidió otra vez a los pequeños y seguimos el camino.

La tía le preguntó si había terminado el libro que ella le había mandado hacía poco.

—No —dijo Carlota—; no me gusta: se lo puedo devolver. El anterior tampoco era mejor.

Yo me quedé asombrado cuando pregunté qué libros eran y ella me contestó...* Encontré mucho sentido en todo lo que dijo, y con cada nueva palabra veía surgir nuevos hechizos, nuevos rayos de su espíritu, brotando de los rasgos de su rostro, que parecían desplegarse porque sentía que yo la comprendía.

—Cuando yo era mas joven —dijo— nada me gustaba tanto como las novelas. Dios sabe lo bien que me encontraba cuando los domingos podía sentarme en un rincocito y tomar parte con todo mi corazón en la dicha y desgracia de alguna miss Jenny. No niego tampoco que el género tiene todavía algún encanto para mí. Pero como ahora leo tan raramente libros, tienen que ser muy adecuados para mi gusto. Y prefiero al autor en quien vuelvo a encontrar mi mundo, a quien le ocurre lo que a mí, y cuya historia puede ser, sin embargo, tan interesante y cordial

* Ha sido necesario cortar este pasaje de la carta para no dar ocasión de pesadumbre a nadie; aunque en el fondo, a ningún autor le puede importar mucho el juicio de una sola muchacha, persona joven e inexperta. *(Nota de Goethe.)*

como mi propia vida doméstica, que, claro está, no es ningún paraíso, pero, en conjunto, sí es una fuente de dichas indecibles.

Me esforcé por ocultar mi conmoción ante estas palabras. Esto no dio gran resultado, pues al oírla hablar con tal brevedad y como de paso sobre el Vicario de Wakefield,[3] sobre*... me puse fuera de mí, y le dije todo lo que sabía, notando sólo al cabo de cierto tiempo que Carlota dirigía la conversación hacia las demás, pues éstas se habían quedado todo el tiempo con los ojos muy abiertos, como si no estuvieran allí. Más de una vez, la tía me miró con la nariz burlonamente arrugada, lo cual, sin embargo, no me importó nada.

La conversación recayó en el placer de la danza.

—Si esa pasión es un defecto —dijo Carlota— lo confieso de buena gana: no conozco otra cosa mejor. Y cuando tengo algo por la cabeza, me basta tamborilear una contradanza en mi piano desafinado para que todo vuelva a estar bien.

Durante esta conversación, ¡cómo me apacentaba en sus ojos negros, y cómo atraían mi alma sus vivaces labios y sus frescas y animadas mejillas! ¡Cómo, sumergido en el espléndido sentido de sus palabras, muchas veces ni siquiera oía las palabras con que se expresaba! Te lo puedes imaginar, porque me conoces. En resumen, me bajé del co-

3. Se refiere a la novela inglesa de Oliver Goldsmith *The Vicar of Wakefield*, publicada en 1766, y que inmediatamente había sido traducida en Alemania, excitando también allí el nuevo talante sentimental del prerromanticismo.

* Se han omitido los nombres de algunos autores alemanes. Quien merezca la aprobación de Carlota, lo notará seguramente en su corazón si lee este pasaje: de otro modo, nadie tiene que saberlo. *(Nota de Goethe.)*

che como quien sueña, cuando llegamos ante la casa donde era el baile. Estaba tan perdido en sueños en medio del mundo en penumbra, que apenas me fijé en la música que salía a nuestro encuentro bajando de la sala iluminada.

Los dos señores, Audran y un tal N. N. —¡quién retiene todos los nombres!—, que eran las parejas de la tía y de Carlota, nos recibieron al apearnos, y se apoderaron de las damas, mientras yo llevaba arriba a la mía.

Nos entrelazamos en minuetos; yo invité a una dama tras otra, y precisamente las menos encantadoras no eran capaces de dar la mano y terminar. Carlota y su pareja empezaron una «inglesa», y puedes imaginarte cómo me alegré de que la figura empezara en la fila con nosotros. ¡Hay que verla bailar! Mira, se pone a ello con todo su corazón y toda su alma, y su cuerpo entero es una armonía, tan despreocupada y natural como si en realidad eso fuera todo, como si no pensara en nada más, ni percibiera nada más; y ciertamente, en ese momento todo lo demás desaparece de delante de ella.

Le pedí la segunda contradanza; me concedió la tercera, y con la más amable franqueza del mundo me aseguró que le gustaba mucho bailar la «alemana».

—Aquí es la moda —siguió— que las parejas que vayan juntas tienen que seguir juntas en la «alemana», y mi compañero baila mal y me agradece que le dispense de ese trabajo: su dama tampoco puede ni sabe, y he visto en la «inglesa» que usted baila bien. Si quiere acompañarme en la «alemana», vaya a solicitarlo de mi pareja, y yo iré a hablar con su dama.

Le di la mano, y arreglamos que su pareja quedara conversando con la mía.

Entonces empezó, y nos divertimos un rato entrelazando los brazos de diversos modos. ¡Con qué encanto, con qué fluidez se movía! Y como precisamente entonces nos tocaba bailar y los corros giraban uno alrededor de otro, al principio la cosa iba un poco enredada, porque la mayor parte no sabía. Tuvimos cuidado y los dejamos irse consumiendo, y cuando los más torpes dejaron el campo libre, entramos nosotros y nos lanzamos con otra pareja, Audran y su compañera. Nunca me ha salido tan fácilmente: estaba fuera de mí. Tener a la criatura más hermosa en mis brazos y dar vueltas como la tormenta que nos rodeaba, y... Guillermo, para ser sincero, yo juré que una muchacha así, a la que yo amaba y a la que yo aspiraba, nunca había de bailar con otro sino conmigo, aunque yo tuviera que sucumbir en ello. ¡Ya me entiendes!

Dimos algunas vueltas por la sala para desahogarnos. Entonces se sentó y las naranjas que yo había reservado, y que ahora eran las únicas que quedaban, hicieron un efecto excelente, aunque con cada tajada que distribuía con todos los honores a sus oscuras vecinas, un puñal me atravesaba el corazón.

En la tercera «inglesa» éramos la segunda pareja. Al avanzar bailando en fila, y cuando yo, Dios sabe con cuánta delicia, pendía de su brazo y sus ojos, que estaban llenos de la más auténtica expresión de puro y franco placer, llegamos ante una mujer que me había llamado la atención por su aire amable en un rostro ya nada joven. Ésta miró a Carlota sonriendo, levantó un dedo amenazador, y pronunció dos veces al pasar el nombre «Alberto», de manera significativa.

—¿Quién es Alberto? —dije a Carlota—, si no es incorrección preguntarlo.

Ella estaba a punto de contestar cuando tuvimos que separarnos para hacer la gran cadena, y me pareció observar en su frente alguna señal de preocupación, cuando nos cruzamos de paso.

—¡Qué le voy a negar! —dijo, ofreciéndome la mano para hacer el «paseo»—. Alberto es una excelente persona a quien estoy como quien dice, prometida.

Ahora bien, no era nada nuevo (pues las señoritas me lo habían dicho por el camino), y sin embargo me resultó completamente nuevo, porque no lo había pensando en relación con ella, que en tan pocos instantes se me había hecho tan valiosa. En fin, me confundí y me equivoqué de pareja, y todo se trastornó, haciéndose necesaria toda la presencia de Carlota, empujando y tirando, para restablecer el orden.

El baile no había terminado todavía cuando empezaron a hacerse más fuertes los rayos que ya hacía tiempo que se veían brillar en el horizonte, y que yo había dicho siempre que servirían sólo para refrescar: los truenos ahogaron la música. Tres damas se salieron corriendo de las filas, y sus caballeros las siguieron: el desorden se hizo general, y cesó la música. Es natural, cuando nos sorprende en la diversión algo espantoso o fina desgracia, que nos haga una impresión más fuerte que en otro momento; en parte por el contraste que se hace tan sensible; en parte, y más aún, porque nuestros sentidos están ya abiertos a la percepción y por eso reciben con mayor rapidez las impresiones. Tengo que atribuir a estas causas los terribles aspavientos que vi hacer a diversas damas. La más sensata se sentó en un rincón con la espalda a la ventana, tapándose los oídos. Otra se arrodilló ante ella y escondió su rostro en el regazo. Una tercera dama se metió entre las dos y abrazó a sus hermanitas con mil lágrimas. Unas querían irse a casa: otras, que no sabían lo que hacían, no tenían presencia de ánimo para evitar las insolencias de nuestros jóvenes bribones, que parecían muy ocupados en recoger de los labios de aquellas hermosas apuradas todas las angustiadas oraciones que estaban destinadas al Cielo. Algunos de los señores se apartaron para fumar una pipa con tranquilidad; y el resto de la reunión estaba sin saber qué hacer, cuando a la anfitriona se le ocurrió sensatamente mostrarnos una habitación que tenía persianas y cortinas. Apenas llegamos allí, Carlota se dedicó a poner un círculo de sillas, y una vez que todos se sentaron a ruegos suyos, dio instrucciones para un juego.

Vi a algunas que con la esperanza de un sabroso juego de prendas abrían la boca y desperezaban sus miembros.

—Vamos a jugar a números —dijo—. ¡Fíjense! Yo daré vueltas de derecha a izquierda, y cada cual ha de ir contando según el número que le toque: tiene que ir como un reguero de pólvora, y quien vacile o se equivoque, recibirá una bofetada; y así hasta mil.

Fue muy divertido de ver. Ella dio vueltas por el círculo con el brazo extendido. Uno, empezó el primero; dos, el segundo; tres, el siguiente, y así sucesivamente. Entonces empezó a ir mas deprisa, cada vez más deprisa; uno se equivocó, y ¡paf! una bofetada; y, entre risas, el siguiente también ¡paf! Y cada vez más deprisa. Yo mismo me llevé dos golpes, y creí notar con íntima satisfacción que eran más fuertes que los que solía administrar a los demás. Risas generales y estrépito acabaron el juego, antes de que se hubiera contado hasta mil. Los más íntimos se reunieron a un lado, la tempestad había pasado, y yo seguí a Carlota a la sala. Por el camino ella me dijo:

—¡Con las bofetadas ha olvidado usted la tempestad y todo!

Yo no le pude contestar nada.

—Yo —siguió ella— fui una de las que tenían más miedo, pero al empeñarme de corazón en dar valor a las demás, también me hice valiente.

Nos acercamos a la ventana. Tronaba allá lejos, y la espléndida lluvia susurraba en la tierra, haciendo subir hasta nosotros el más animador aroma con toda la riqueza de un viento cálido. Ella se detuvo, se apoyó de codos y su mirada penetró el paisaje: miró al cielo y me miró a mí, y vi sus ojos llenos de lágrimas: puso su mano en la mía, y dijo «¡Klopstock!». Recordé enseguida su grandiosa oda,[4] en que ella pensaba, y me sumergí en el torrente de impresiones que derramaba sobre mí en aquel momento. No pude contenerme, me incliné sobre su mano y la besé entre las más deliciosas lágrimas. Y volví a mirarla a los ojos... ¡Oh noble genio! ¡Ojalá hubieras visto cómo te divinizabas en esa mirada! No querría ya volver a oír pronunciar tu nombre, tantas veces profanado.

19 de junio

Ya no sé dónde me había quedado hace poco en mi relato; lo que sé es que eran las dos de la noche cuando me acosté, y que si te lo hubiera podido contar charlando contigo, en vez de escribir, quizá te hubiera retenido hasta la mañana.

4. La oda *Die Frühlingsfeier* («La fiesta de primavera») de Friedrich Gottlieb Klopstock (1724-1803). El poeta, ya acreditado por su magna obra épico-religiosa *La Mesiada* (1784), inicia con esta oda, que canta la impresión de una tormenta, y con otras poesías análogas, un nuevo tono en la lírica germánica, ya muy próximo al Romanticismo. Recordemos cuatro versos de esta oda: «Ach, schon rauscht, schon rauscht / Himmel und Erde vom gnädigen Regen! / Nun ist —wie dürstete sie!— die Erd' erquickt, / und der Himmel der Segensfüll' entlastet!» («¡Ah, ya hay humor, ya hay rumor / en el cielo y en la tierra de la lluvia graciosa! / Ahora la tierra —¡qué sed tenía!— queda reavivada, / y el Cielo descarga la plenitud de la bendición!»).

No te he contado todavía lo que ocurrió en el regreso del baile, ni hoy estoy tampoco en un buen día para ello.

Tuvimos el más espléndido amanecer, con el bosque goteante y el campo refrescado en torno a nosotros. Nuestras acompañantes daban cabezadas. Ella me preguntó si yo no quería hacer lo mismo. Por parte de ella, no tenía que preocuparme.

—Mientras vea abiertos esos ojos —dije, mirándola fijamente— no estoy en peligro de tal cosa.

Descendimos los dos hasta su puerta: la abrió silenciosamente la criada, y, a sus preguntas, le aseguró que su padre y los pequeños estaban bien y dormían todos aún. Entonces la dejé, rogándola que me permitiera verla ese mismo día: ella me lo concedió, y aquí he llegado, y desde ese momento el sol, la luna y las estrellas pueden seguir tranquilos sus obligaciones, que yo no sé si es de día o de noche, y el mundo entero se pierde a mi alrededor.

21 de junio

Vivo unos días tan felices como los que reserva Dios a sus santos; y ya puede ser de mí lo que sea, que no puedo decir que no haya gustado los gozos, las alegrías más puras de la vida... Conoces mi Wahlheim: allí me he establecido del todo, y desde allí estoy sólo a media hora de Carlota; allí me siento yo mismo, y siento toda la dicha que se le ha dado al hombre.

¡Si hubiera pensado, cuando elegí Wahlheim como meta de mis paseos, que estaba tan cerca del cielo! ¡Cuántas veces, en mis largos paseos, vi el pabellón de caza donde ahora se encierran todos mis deseos, divisándolo tan pronto desde la montaña como desde el llano junto al río!

Mi querido Guillermo, he meditado muchas veces sobre el afán de los hombres por dispersarse, por hacer nuevos descubrimientos, por vagar; y luego volver a la tendencia interior, entregarse de buena gana a la limitación, y seguir adelante por el carril de la costumbre, sin mirar ni a la derecha ni a la izquierda.

Es curioso; cuando llegué aquí y miré el hermoso valle desde la colina, atrayéndome en torno, pensé: allí el bosquecillo: ¡ah, si pudieras esconderte entre tus sombras! Allí la cima del monte: ¡ah, si pudieras mirar desde allí la anchura de la comarca! Y las colinas encadenadas, y los valles íntimos: ¡ah, si pudiera perderme en ellos! Me apresuré a ir allá, y volví atrás sin encontrar lo que buscaba. ¡Ah, con la distancia ocurre como con el porvenir! Una gran vaguedad en neblina reposa ante nuestra alma; nuestra sensibilidad se borra, como nuestra mirada, y sentimos anhelo, ¡ay!, de entregar nuestro entero ser, dejándonos llenar por toda la delicia de un único, grande y espléndido sentimiento... Y ¡ay! cuando acudimos allá, cuando el allí se vuelve aquí, todo está como antes, y seguimos en nuestra pobreza, en nuestra limitación; y nuestra alma ansía el refrigerio huido.

Así, el más intranquilo vagabundo vuelve al fin a anhelar su patria, y en su cabaña, en el pecho de su esposa, en el círculo de sus niños, en las ocupaciones de su casa, encuentra la delicia que en vano buscó por el ancho mundo.

Cuando por la mañana, al salir el sol, salgo hacia mi Wahlheim, y recojo allí en el huerto mis guisantes dulces, y me siento a quitarles los hilos, leyendo entretanto mi Homero; cuando, luego, en la pequeña cocina, elijo una olla, preparo la manteca, pongo los guisantes al fuego, los tapo y me siento para removerlos de vez en cuando, entonces me noto tan animado como los arrogantes pretendientes de Penélope cuando mataban bueyes y cerdos, despedazándolos y asándolos. No hay nada que me llene tanto de una sensación de paz y de verdad como los rasgos de la vida patriarcal, que, gracias a Dios, puedo entretejer sin afectación en mi modo de vivir.

¡Qué bien me encuentro, ahora que mi corazón puede sentir la sencilla e inocente delicia del hombre que pone en su mesa una col cultivada por su mano, y en un solo instante vuelve a disfrutar no sólo esa verdura, sino todos los hermosos días, las hermosas mañanas, en que la plantó, las deliciosas tardes en que la regó y en que disfrutó viendo su crecimiento continuo!

29 de junio

Anteayer llegó el médico de la ciudad a casa del administrador y me encontró por el suelo, entre los hermanitos de Carlota, cuando unos gateaban a mi alrededor, y otros me gastaban bromas, mientras que yo, haciéndoles cosquillas, armaba con ellos un gran griterío. El doctor, que es una marioneta muy dogmática, plegando los puños de las mangas mientras habla y arreglando una gorguera sin fin, encontró esto por debajo de la dignidad de un hombre decente: lo noté por su cara. Pero yo no me dejé alterar en nada, permitiéndole que desempeñara sus razonables asuntos, y volví a hacerles a los niños un castillo de naipes, que habían derribado. Él se fue a quejar por la ciudad de que los niños del administrador ya estaban bastante malcriados, y Werther los acababa de echar a perder.

Sí, querido Guillermo, estos niños son la cosa que más le importa a mi corazón en este mundo. Cuando les miro y reconozco en estos pequeños los gérmenes de todas las virtudes, de todas las fuerzas que algún día les harán tanta falta: cuando veo en sus antojos su futura firmeza y solidez de carácter, y en sus travesuras el buen humor y la ligereza con que atravesarán los peligros del mundo, todo tan intacto, tan entero… siempre, siempre me repito las doradas palabras del Maestro de los hombres: Si no os hacéis como uno de éstos… Y ahora, querido mío, a éstos, que son nuestros semejantes, que deberíamos mirar como nuestros modelos, los tratamos como subordinados. ¡No han de tener voluntad propia! ¿No la tenemos nosotros? ¿Y dónde radica nuestra prerrogativa? ¡En que somos mayores y más inteligentes! Buen Dios, desde tu cielo, ves niños mayores y niños pequeños, y nada más; y en cuáles te complaces más, ya lo proclamó hace mucho tu Hijo. Pero ellos ni le creen ni le escuchan —¡eso es también cosa vieja!— y forman a sus hijos según su modelo y… ¡Adiós, Guillermo! No puedo seguir divagando sobre esto.

1 de julio

Lo que ha de ser Carlota para quien esté enfermo, lo noto en mi propio mísero corazón, que está peor, ahí dentro, que muchos que sufren en el lecho del dolor. Ella va a venir unos días a la ciudad, junto a una excelente señora, que, según dicen los médicos, se acerca a su final, y en estos últimos momentos quiere tener a Carlota a su lado. La semana pasada fui con ella a visitar al párroco de San…; un lugarcillo que queda apartado, a una legua, en la sierra. Llegamos hacia las cuatro. Carlota había llevado consigo a su segunda hermana. Cuando llegamos a la casa del párroco, ante la cual daban su sombra dos altos nogales, el buen anciano estaba sentado en un banco junto a la puerta, y cuando vio a Carlota, pareció cobrar nueva vida, olvidó su bastón de nudos, y se atrevió a salirle al encuentro. Ella corrió hacia él, le obligó a sentarse, poniéndose a su lado, y le dio muchos recuerdos de su padre, a la vez que abrazaba a su feo y sucio niñito, el apoyo de su vejez. Habrías tenido que verla, cómo entretenía al viejo, cómo elevaba su voz para hacerla perceptible a sus oídos medio sordos, cómo le contaba sobre gente joven y robusta que se había muerto inesperadamente, y sobre las excelencias de Karlsbad, y cómo alababa su decisión de ir allá el próximo verano, y cómo le dijo que tenía mejor aspecto, más animado que la última vez que le había visto. Mientras tanto, yo había saludado a la señora del párroco. El anciano se había animado mucho, y como no pude menos de elogiar los hermosos nogales, que nos daban sombra de modo tan grato, empezó a contarnos su historia, aunque con cierta dificultad.

—El más viejo —dijo— no sabemos quién lo plantó: unos dicen que un párroco, otros dicen que otro. Pero el más joven, el de atrás, tiene la misma edad que mi mujer: cincuenta años este octubre. Su padre lo plantó una mañana, y ella nació esa misma tarde. Fue mi predecesor en este servicio, y no se puede decir todo lo que le gustaba este árbol: ciertamente, yo no lo quiero menos. Mi mujer estaba sentada en una viga, debajo de él, haciendo media, cuando yo llegué aquí por primera vez, hace veintisiete años, y me acerqué a la casa, como pobre estudiante que era.

Carlota preguntó por su hija: dijeron que había salido con el señor Schmidt al prado, a ver a los trabajadores, y el anciano continuó en su relato: cómo había caído en gracia a su predecesor y a su hija, llegando a ser primero su vicario y luego su sucesor. La historia no tardó en acabarse, y llegó por el jardín la hija del párroco con el mencionado señor Schmidt: saludó a Carlota con cálida cordialidad, y debo decir que me agradó mucho: una morena vivaz y de buen tipo, con quien le habría gustado a cualquiera conversar un rato en el campo. Su novio (pues como tal se presentó el señor Schmidt) era un hombre distinguido, pero callado, que no quiso mezclarse en nuestra conversación, aunque Carlota le quiso hacer entrar en ella repetidamente. Lo que más me molestó es que por su fisonomía me pareció notar que era más la terquedad y el mal humor que la limitación del entendimiento lo que le impedía entrar en la charla. Después, esto se hizo demasiado evidente, por desgracia, pues cuando Friederike, al salir a dar un paseo, ocasionalmente iba junto a Carlota o junto a mí, el rostro de ese caballero, que ya era de un color bastante moreno, se oscureció tan visiblemente que llegó un momento en que Carlota me dio un codazo para hacerme comprender que me estaba mostrando demasiado atento con Friederike. Ahora bien, lo que más me molesta es que la gente se irrite mutuamente, y sobre todo, que los jóvenes, en la mejor edad de la vida, en que podrían estar abiertos para todos los goces, se echen a perder esos pocos días buenos con malas caras, y sólo cuando ya es tarde advierten lo irreparable de su desaprovechamiento. Esto me cosquilleaba dentro, y cuando al atardecer volvimos a casa del párroco y nos sentamos ante una mesa a tomar un poco de leche, no pude evitar, al caer la conversación sobre la alegría y el dolor del mundo, tomar el hilo y hablar con vehemencia contra los malos humores.

—Los hombres nos lamentamos a menudo —empecé— de que los días buenos sean tan pocos, y los malos sean tantos, pero me parece que muchas veces sin razón. Si siempre tuviéramos el corazón abierto para disfrutar lo bueno que Dios nos depara día tras día, tendríamos también bastante fuerza para soportar el mal cuando llega.

—Pero no tenemos nuestro ánimo bajo nuestro dominio —respondió la señora del párroco—: mucho depende del cuerpo, y cuando uno no está bien, todo se le pone mal.

Se lo concedí:

—Entonces —proseguí—, ¿hemos de considerarlo como una enfermedad y preguntar si hay remedio para ella?

—Ya se sabe —dijo Carlota—; yo, al menos, creo que mucho depende de nosotros. Lo sé por mí misma. Cuando algo me punza y quiere ponerme de mal humor, doy un salto, canto unas contradanzas, dando vueltas por el jardín, y enseguida se me pasa.

—Eso era lo que yo quería decir —respondí—: con el mal humor ocurre como con la pereza, pues es una especie de pereza. Nuestra naturaleza propende mucho a eso, y sin embargo, cuando por una vez tenemos la fuerza de dominarnos, el trabajo marcha tranquilamente entre nuestras manos, y encontramos una verdadera diversión en la actividad.

Friederike estaba muy atenta, y el joven me objetó que no se era dueño de uno mismo, y que mucho menos se podían dar órdenes a los propios sentimientos.

—Aquí hablamos de actitudes desagradables —respondí— a las que a todo el mundo le gusta escapar: y nadie sabe hasta dónde llegan sus fuerzas mientras no las ha probado. Ciertamente, quien está enfermo irá preguntando a todos los médicos, y no eludirá la mayor resignación y las peores curas para alcanzar la salud deseada.

Yo observé que el excelente anciano aplicaba atentamente el oído para tomar parte en nuestra conversación: elevé la voz, dirigiéndome hacia él:

—Se predica contra muchos vicios —dije—: pero nunca he oído que se haya atacado desde el púlpito contra el mal humor.*

—Eso tienen que hacerlo los párrocos de las ciudades —dijo—: los campesinos no tienen mal humor: pero algunas veces tampoco les haría daño: al menos, sería una lección para mi mujer y para el señor administrador.

El grupo se echó a reír, y él también rió cordialmente, hasta que le entró la tos, que interrumpió un rato nuestra conversación, tras de lo cual el joven volvió a tomar la palabra.

—Consideraban como un vicio el mal humor: me parece que eso es una exageración.

—¡Cómo no! —respondí—: ese nombre hay que darle a lo que daña a uno mismo y al prójimo. ¿No es bastante que no podamos hacernos felices mutuamente, sino que también hemos de quitarnos el contento que todos los corazones pueden obtener alguna vez? ¡Señáleme una persona que tenga mal humor y sea tan animosa como para ocultarlo sin estropear la alegría que haya a su alrededor! ¿O no es más bien un despecho por nuestra propia indignidad, una aversión a uno mismo, que siempre va unida a una envidia, excitada por una loca vanidad? Vemos personas felices a las que no hemos hecho felices nosotros, y esto nos resulta insoportable. —Carlota me sonrió al ver la vehemencia con que hablaba, y una lágrima en los ojos de Friederike me estimuló a continuar—. Ay de aquellos —dije— que usan el poder que tienen sobre un corazón

* Tenemos ahora un excelente sermón sobre esto, de Lavater, entre los sermones sobre el libro de Jonás. *(Nota de Goethe.)*

(Esta nota de Goethe se refiere a *Predigten über das Buch Jonas*, publicado, en 1773, por Johann Kaspar Lavater (1741-1800), creador de la presunta ciencia de la «fisiognómica» y gran amigo de Goethe.)

para quitarle las sencillas alegrías que surgen de él mismo. Todos los regalos, todas las complacencias del mundo, no sustituyen un momento de satisfacción en uno mismo, que nos agria la desapacibilidad envidiosa de nuestro tirano.

Mi corazón entero estaba lleno en ese momento: el recuerdo de tantas cosas pasadas me oprimía el alma, y las lágrimas me brotaban a los ojos.

—¡Bastaría solamente que uno se dijera esto todos los días —exclamé—: no puedes hacer por tus amigos más que dejarles sus alegrías y aumentar su dicha saboreándola con ellos! Cuando lo más hondo de su alma está atormentado por un sufrimiento angustioso, desconcertado por la aflicción, ¿puedes darles una gota de alivio? Y cuando la temible enfermedad final cae sobre una criatura a quien estropeaste sus mejores días, y ahora la ves delante en mísero desfallecimiento, con la mirada insensible vuelta al cielo, con el sudor de la muerte en la pálida frente, y tú estás ante su cama como un condenado, con la sensación íntima de que no puedes hacer nada con todas tus fuerzas, y la angustia te convulsiona las entrañas, porque querrías darlo todo por poder procurar a la criatura que sucumbe una gota de fortalecimiento, una chispa de ánimo…

El recuerdo de una de estas escenas, a que había asistido yo, me invadió con toda su fuerza al decir estas palabras. Llevé mi pañuelo a los ojos, y abandoné al grupo, y sólo me hizo volver en mí mismo la voz de Carlota que me gritaba que nos íbamos a marchar. ¡Y cómo me reprendió por el camino por mi acaloramiento en todo, diciéndome que sucumbiría, y que debía reservarme más! ¡Oh ángel mío: por ti tengo que vivir!

6 de julio

Siempre está junto a su amiga agonizante, y siempre es la misma, siempre la criatura suave, auxiliadora, que, dondequiera que vuelva la mirada, alivia los dolores y da felicidad. Ayer tarde salió a pasear con Mariana y la pequeña Magdalena. Yo lo sabía; le salí al encuentro y caminamos juntos. A la media hora de andar llegamos de regreso al pueblo, ante la fuente que tanto quiero y que ahora me es mil veces más querida. Carlota se sentó en la pequeña tapia, y los demás quedamos de pie alrededor. Yo miré en torno de mí, ay, y volvió a vivir ante mí la época en que mi corazón estaba tan solitario. «Querida fuente —pensé—, desde entonces no he vuelto a descansar en tu frescura, y ni siquiera te he mirado una vez al pasar apresuradamente.» Miré abajo y vi que Magdalena subía muy atareada con un vaso de agua. Miré a Carlota y sentí todo lo que siento por ella. Se acercó Magdalena con su vaso de agua, y Mariana quiso quitárselo.

—¡No! —gritó la niña, con el más dulce acento—: no, Carlota, tú tienes que beber primero.

Me entusiasmé tanto con la sinceridad, con la bondad con que había exclamado eso, que no pude expresar mi impresión más que levantando del suelo a la niña y besándola con tal viveza que enseguida empezó a gritar y llorar.

—Le ha hecho daño —dijo Carlota. Yo me quedé abrumado—. Ven, Magdalena —siguió, tomándola de la mano y bajando por los escalones—; te lavaré deprisa, deprisa en esta fuente tan fresca, y no será nada.

Yo me quedé mirando con qué afán la niña se restregaba las mejillas con sus manitas, con qué fe de que la fuente milagrosa borraría toda impureza y evitaría la ignominia de que le saliera una fea barba, hasta que Carlota le dijo que ya era bastante, y la niña siguió lavándose afanosamente, como si cuanto más se lavara quedara mejor —te digo, Guillermo, que nunca he asistido con mayor respeto a un bautizo—, y me habría postrado ante Carlota, cuando subió, como ante un profeta que ha lavado las culpas de toda una nación.

Por la tarde, con la alegría de mi corazón, no pude menos de contarle el caso a un hombre en cuya sensatez confiaba, porque es inteligente; pero ¡cómo me resultó! Dijo que Carlota había hecho muy mal, que a los niños no hay que hacerles creer historias; que esas cosas dan ocasión a incontables errores y supersticiones, de lo cual hay que preservar cuanto antes a los niños. Entonces me acordé de que ese hombre había bautizado a su hijo ocho días antes: lo dejé pasar y seguí fiel en mi corazón a la máxima: Hemos de hacer con los niños como Dios hace con nosotros, a quienes da la mayor felicidad cuando nos deja sumergidos en amoroso hechizo.

8 de julio

¡Qué niños somos! ¡Cómo nos encantamos por una mirada! ¡Qué niños somos! Habíamos ido a Wahlheim. Las señoras se apearon, y, durante nuestro paseo, creí ver en los ojos negros de Carlota... —soy un loco, perdóname, pero tenías que ver esos ojos—... Para ser breve —porque me estoy cayendo de sueño—: las señoras se apearon, y quedamos alrededor del coche el joven W..., Selstadt, Audran y yo. Charlé junto a la portezuela con los muchachos, que, por cierto, eran simpáticos y vivaces. Yo buscaba los ojos de Carlota: ¡ay!, iban de uno en otro, pero no se posaban en mí, en mí, que estaba delante totalmente entregado a ella. Mi corazón le dijo mil adioses. ¡Y ella no me vio! El coche siguió adelante, y los ojos me quedaron llenos de lágrimas. La seguí con la mirada y vi inclinarse contra la portezuela el sombrero de Carlota, y ella se volvió a mirar, ¡ay!, ¿a mí? Querido mío, floto en esta incertidumbre: es mi consuelo: quizá volvió la mirada para verme, ¡quizá! ¡Buenas noches! ¡Ah, qué niño soy!

10 de julio

¡Tendrías que ver la figura de estúpido que hago cuando la nombran en la conversación¡ ¿Y cuando me preguntan si me gusta? ¡Gustar! Odio esa palabra hasta la muerte. ¡Qué hombre tiene que ser aquel a quien le guste Carlota y no le llene todos los sentidos, todo su ánimo! Hace poco, alguien me preguntaba si me gusta Ossián.[5]

11 de julio

La señora M… está muy mal; yo ruego por su vida, porque padezco con Carlota. La veo de vez en cuando en casa de mi amiga, y hoy me ha contado un caso muy curioso. El viejo M… es un tacaño regañón y suspicaz, que molestó y tuvo en estrecheces a su mujer durante toda su vida; pero ella siempre supo salir adelante. Hace pocos días, cuando el médico la había desahuciado, mandó venir a su marido (Carlota estaba en el cuarto), y le dijo así:

5. Es la primera vez que se menciona aquí a Ossián, que luego resultará tan importante para Werther. Recuérdese la nota 1 de página 13.

—Debo confesarte una cosa que después de mi muerte podría causar confusión y enojo. Hasta ahora he llevado la casa de modo tan ordenado y económico como me ha sido posible: pero me perdonarás que te haya engañado durante estos treinta años. Al comienzo de nuestro matrimonio reservaste una suma muy escasa para las menciones de la cocina y demás faenas de la casa. Cuando creció nuestra familia, aumentaron nuestras necesidades, pero tú no te conmoviste para aumentar mi dinero de la semana conforme a la situación: en una palabra, en los tiempos en que éramos más, exigiste que me arreglara con siete florines por semana. Yo los tomaba sin replicar, y lo demás que me hacía falta lo sacaba todas las semanas de tu caja, porque nadie podía suponer que la señora fuera a robar. No he desperdiciado nada, y aunque no te lo hubiera confesado me habría enfrentado tranquilamente con la Eternidad, si no fuera porque quien tenga que cuidar la casa después de mí no sabrá salir adelante, y tú sin embargo habrías podido empeñarte en que tu primera mujer se las arreglaba bien.

Hablé con Carlota sobre la increíble ceguera del sentido humano, de que alguien no sospeche que hay algo escondido cuando basta con siete florines si ve que el gasto quizá es el doble. Pero yo mismo he conocido gente que habrían supuesto que tenían en su casa el eterno cantarillo de aceite del profeta.[6]

13 de julio

¡No, no me engaño! En esos ojos negros leo una auténtica simpatía por mí y por mi suerte. Sí, lo noto, y puedo

6. El profeta Elías, según lo relatado en *1 Reyes*, 17, 14-16.

confiar en ello con todo mi corazón, que ella —¡oh!, ¿puedo decir el Cielo en estas palabras?— ¡me quiere! ¡Me quiere! ¡Y qué valor adquiero ante mí mismo, cómo —te lo puedo decir, porque lo comprendes— me adoro a mí mismo desde que ella me quiere!

¿Es temeridad o es percepción de la verdadera realidad? No conozco al hombre a quien temía en el corazón de Carlota. Y sin embargo —cuando habla de su novio, expresándose con tal calor, con tal cariño— me quedo como uno a quien se le quita todo su honor y dignidad, despojándole luego de su puñal.

16 de julio

¡Ay, qué es lo que siento correr por mis venas, cuando mis dedos tocan al descuido los suyos, cuando nuestros pies se encuentran bajo la mesa! Retrocedo, como si fuera fuego, y una secreta fuerza me vuelve a echar adelante otra vez —mis sentidos quedan invadidos por el vértigo—. Ah, y su inocencia, su alma descuidada no siente cómo me apenan esas pequeñas confianzas. Cuando al hablar pone su mano en la mía, y se acerca a mí interesada por la conversación hasta que el hálito celestial de su boca puede alcanzar mis labios… creo desplomarme, como tocado por el rayo. Y, Guillermo, si alguna vez yo me atrevo, a este cielo, a esta confianza… Tú me comprendes. No, mi corazón no está tan corrompido: es débil, muy débil… ¿Y esto no es corrupción?

Ella es sagrada para mí. Toda apetencia calla ante ella. No sé qué es de mí cuando estoy ante ella: es como si el alma me diera vueltas en todos los nervios. Tiene una melodía predilecta, que toca al piano con la gracia de un ángel, ¡tan sencilla y tan animada! Es su canción propia, y a mí me libera de todo el dolor, la confusión y las fantasías, en cuanto hace sonar su primera nota.

Ya no me resulta inverosímil ni una palabra de lo que se dice del antiguo hechizo de la música. ¡Cómo me invade esta sencilla canción! ¡Y cómo sabe hacérmela oír de vez en cuando, cuando me querría meter una bala en la cabeza! Se despejan la confusión y la tiniebla en mi alma, y vuelvo a respirar libremente.

18 de julio

Guillermo, ¿qué es para nuestro corazón el mundo sin amor? ¿Qué es una linterna mágica sin luz? Apenas metes la lamparilla, aparecen las imágenes más abigarradas en la pared blanca. Y aunque no fuera más que esto, como fantasmas efímeros, no deja de hacer nuestra dicha cuando estamos delante en la inocencia de la niñez y nos entusiasmamos con esas apariciones mágicas. Hoy no he podido ir a ver a Carlota: me retuvo una compañía inevitable. ¿Qué había que hacer? Envié a mi criado, sólo para tener a mi lado alguien que hoy se hubiera acercado a ella. ¡Con qué impaciencia le esperé, con qué alegría le vi volver! De buena gana le hubiera tomado la cabeza y le hubiera besado, si no me hubiera dado vergüenza.

Se cuenta de la piedra de Bolonia que, cuando se la pone al sol, recoge sus rayos y refulge durante cierto tiempo en la noche. Así me ocurrió con este muchacho. La sensación de que los ojos de Carlota se habían posado en su rostro, en sus mejillas, en los botones y la corbata de su librea, me le hacía valioso y sagrado. En ese momento no habría cedido al muchacho por mil táleros. En su presencia sentía bienestar. Dios te libre de reírte de esto. Guillermo, ¿es un fantasma, si uno nota bienestar?

19 de julio

¡La veré!, exclamo por la mañana, cuando me alegro mirando con toda felicidad el hermoso sol: ¡la veré! Y ya no tengo otro deseo durante todo el día. Todo, todo desaparece en esa perspectiva.

20 de julio

Me resisto a hacer mía tu idea de que me vaya con el Embajador a***. No me gusta mucho ser un subordinado, y todos sabemos que, además, este hombre es muy antipático. A mi madre le gustaría verme en una actividad, dices tú: me has hecho reír. ¿No estoy también activo ahora? Y en el fondo, ¿no es lo mismo que cuente guisantes o lentejas? De todas maneras, en el mundo todo va a parar a ser una basura, y es un loco quien por cuenta ajena se ataree por el dinero o el honor o cualquier otra cosa sin que sea su propia afición ni su propia necesidad.

24 de julio

Puesto que tanto insistes en que no abandone el dibujo, preferiría pasar todo ese asunto con decirte que desde hace tiempo he hecho muy poco.

Nunca he sido tan feliz, nunca ha sido más completa y entrañable mi percepción de la Naturaleza, hasta las piedrecillas, hasta las hierbas, y sin embargo... No sé cómo he de expresarme: mi capacidad de representar es muy débil; todo flota y vacila ante mi alma de tal modo que no puedo captar ni un perfil; pero me imagino que si tuviera arcilla o cera, me gustaría darle forma. Buscaré barro, si esto dura, y lo amasaré, aunque me salgan pasteles.

He empezado tres veces el retrato de Carlota, y tres veces he quedado mal; lo cual me aflige más, porque desde hace algún tiempo solía acertar con mucha felicidad. Por eso, luego he sacado su silueta, y con eso me contentaré.

26 de julio

Sí, querida Carlota, todo lo arreglaré y prepararé: pero deme más encargos, y muchas veces. Sólo una cosa le ruego: que no eche arenilla en las cartas que me escriba. Hoy me he llevado su billete enseguida a los labios, y me rechinan los dientes.

26 de julio

Ya me he propuesto varias veces no verla tan a menudo. Sí, ¡quién podría mantener esto! Todos los días sucumbo a la tentación y me hago la promesa sagrada: mañana permanecerás ausente, y al llegar la mañana, vuelvo a encontrar una causa irresistible, y antes de que me dé cuenta, ya estoy con ella. O bien ha dicho la tarde anterior «¿Entonces vendrá mañana?», y ¿quién podría quedarse lejos?; o bien me ha mandado un encargo, y encuentro oportuno ir a llevarle la respuesta en persona; o el día es muy hermoso, y voy a Wahlheim, y una vez que estoy allí, sólo falta media hora para verla... Estoy demasiado próximo, en su misma atmósfera... ¡zas!, y ya estoy allí. Mi abuela me contaba un cuento sobre la montaña magnética: los barcos que se acercaban demasiado, de repente se quedaban sin nada de metal: los clavos volaban hacia la montaña, y los pobres desgraciados naufragaban entre las tablas que se desmoronaban.

30 de julio

Ha venido Alberto, e iré a verle: y aunque sea el mejor y el más noble de los hombres, bajo el cual estaría dispuesto a situarme en cualquier aspecto, sería insoportable verle ante mi cara en posesión de tanta perfección. ¡En posesión! Basta, Guillermo, el novio está ahí. Un hombre excelente y amable, con quien hay que portarse bien. Por fortuna, yo no estaba cuando llegó: eso me habría desgarrado el corazón. Además, es muy mirado y en mi presencia no ha besado a Carlota ni por una vez. ¡Dios se lo pague! Por el respeto que tiene a esta muchacha, tengo que quererle. Me quiere bien, y supongo que esto es obra de Carlota más que de sus propios sentimientos: pues en esto las mujeres son sutiles y tienen razón: si logran mantener en buena relación mutua a dos adoradores, la ventaja siempre es suya, aunque eso ocurre muy raramente.

Entretanto, no puedo negar mi respeto a Alberto. Su aspecto tranquilo choca contra la intranquilidad de mi carácter de modo muy vivo, que no cabe ocultar. Tiene mucho sentimiento, y sabe lo que tiene en Carlota. Parece tener muy escasos malos humores, y ya sabes que éste es el defecto que odio más en las personas.

Me considera hombre de buen sentido: y mi afección

por Carlota, mi cálida alegría por todas sus cosas, no hace sino aumentar su triunfo, y él la quiere aún más por ello. Allá él, si nunca la atormenta con pequeños celos: al menos yo en su lugar no estaría tan seguro de ese demonio.

¡Que haga lo que quiera! Se acabó mi alegría de estar con Carlota. ¿He de llamarlo locura o ceguera? ¡De qué sirven los nombres! La cosa habla por sí sola. Sabía todo lo que sé ahora antes que llegara Alberto; sabía que no puedo tener ninguna pretensión por ello, y no la he tenido... esto es, en cuanto es posible no sentir deseos ante algo tan amable. Y ahora este mamarracho se queda pasmado porque el otro ha llegado de veras y le ha quitado a la chica.

Rechino los dientes y me burlo de mi dolor, y me burlo el doble o el triple de quienes digan que debería resignarme, porque ya no puede ser de otra manera. ¡Fuera de mí semejantes espantajos! Doy vueltas por los bosques, y cuando llego a ver a Carlota, y Alberto está sentado junto a ella, en el jardincillo, bajo la parra, no me queda sino hacer el loco de remate, y emprender disparates y extravagancias.

—Por Dios —me dijo hoy Carlota—, le ruego que no haya más escenas como la de ayer tarde. Da usted miedo cuando se pone tan alegre.

Entre nosotros, acecho el momento en que él tiene algo que hacer: ¡zas!, enseguida voy, y me encuentro a gusto cuando la encuentro sola.

8 de agosto

Por favor, querido Guillermo, no me refería a ti ciertamente cuando censuro como insoportables a los hombres que nos exigen la resignación ante el destino inevitable. Yo no pensaba realmente que tú pudieras ser de semejante opinión. Y en el fondo tienes razón. Una sola cosa, querido mío, se resuelve en el mundo raramente con una disyuntiva; las impresiones y modos de obrar se matizan de modo muy variado, pasando desde el narigudo hasta al chato.

Por eso, no me tomarás a mal que admita todos tus argumentos, y sin embargo trate de escaparme a la disyuntiva.

Una de dos, me dices tú: o tienes alguna esperanza con Carlota, o no la tienes. Bien, en el primer caso, trata de conquistarla, busca la realización de tus deseos: en el otro caso, domínate, y trata de librarte de una situación miserable, que te tiene que consumir las fuerzas... ¡Amigo mío! una cosa es decirlo... y otra hacerlo.

Y al infeliz que agoniza perdiendo inconteniblemente su vida bajo el avance de una enfermedad, ¿puedes exigirle que termine su tormento de una vez con una puñalada? El mal que le consume las fuerzas, ¿no le quita al mismo tiempo el valor de librarse de él?

Ciertamente, podrías contestarme con una comparación semejante: ¿Quién no prefiere perder un brazo a exponer la vida con su vacilación y retraso? ¡No sé! No vamos a enredar con comparaciones. Basta... Sí, Guillermo, a veces tengo un momento de valor arrojado e impetuoso, y entonces... si supiera adónde ir, me iría.

Por la tarde

Mi diario, que había descuidado desde hace algún tiempo, me ha vuelto a caer hoy en las manos, y me he quedado asombrado al ver de qué modo tan consciente, paso a paso, me he metido en esto. Lo mismo que siempre he visto mi situación con toda claridad, y, sin embargo, me he portado como un niño, ahora también la veo claramente y no tiene ninguna perspectiva de mejora.

10 de agosto

Podría tener la vida mejor y más feliz si no fuera un loco. No es fácil que se reúnan tantas hermosas circunstancias para alegrar el alma de un hombre como aquellas en que me encuentro ahora. Ay, es cierto que nuestro corazón es lo único que hace su felicidad. Ser miembro de una excelente familia, llegar a ser querido por los mayores como un hijo, y por los pequeños como un padre, y por Carlota... y además, el excelente Alberto, que no estropea mi dicha con ninguna intemperancia de mal humor; que me rodea con cordial amistad; y para el cual soy la persona más querida en el mundo, después de Carlota... Guillermo, es un gozo oírnos cuando vamos de paseo y hablamos sobre Carlota; en el mundo no se ha inventado nada tan ridículo como esta situación, y sin embargo, muchas veces en ella se me saltan las lágrimas.

Cuando él me habla de la excelente madre de Carlota, y de cómo, en su lecho de muerte, confió a Carlota su casa y sus hijos, y la dejó comprometida con él, y cómo desde entonces había animado a Carlota un espíritu totalmente diferente, y cómo ella, en el cuidado y el empeño por la casa, había llegado a ser una verdadera madre, sin pasar ni un instante de su tiempo sin actividad cariñosa, sin trabajar, no perdiendo sin embargo su buen ánimo, su temperamento alegre... Voy así al lado de él y arranco flores por el camino, formando cuidadosamente un ramillete, y... lo arrojo al rápido arroyo, mientras lo sigo con la mirada, al hundirse lentamente. No sé si te he dicho que

Alberto se quedará aquí y recibirá un cargo de la Corte con un buen ingreso: es muy apreciado en la Corte. En orden y esmero en los negocios, he visto pocos semejantes a él.

12 de agosto

Ciertamente, Alberto es la mejor persona que hay bajo los cielos. Ayer he tenido una curiosa escena con él. Fui a verle para despedirme, pues sentí deseos de ir a caballo hasta estas montañas desde donde te escribo ahora: al dar vueltas por la habitación, me llamaron la atención sus pistolas.

—Préstame las pistolas —le dije— para el viaje.

—Por mi parte —dijo— hará falta sólo que te tomes la molestia de cargarlas: aquí están colgadas sólo de adorno. —Descolgué una, y él prosiguió—: Desde que me jugaron tan mala pasada a mi precaución, no quiero tener que ver con ellas.

Tuve curiosidad por saber la historia.

—Estaba pasando una temporada en el campo —contó él— en casa de un amigo, y tenía un par de pistolas; descargadas, con lo que dormía en paz. Una vez, en una tarde de lluvia, no sé cómo se me ocurrió: podían sorprendernos, nos podían hacer falta las pistolas... en fin, ya sabes lo que pasa. Se las di al criado para que las limpiara y las cargara: éste empezó a juguetear con la criada, la quiso asustar, y Dios sabe cómo, se disparó el arma, con la baqueta dentro: la baqueta salió y le dio a la muchacha en la mano derecha, deshaciéndole el pulgar. Entonces tuve que hacerme cargo de las lamentaciones y de la cura: desde ese momento, dejo descargadas todas las armas. Querido amigo, ¿de qué sirve la precaución? El peligro no se supera por mucho que aprendamos. Ciertamente...

Ahora bien, ya sabes que a mí me parece bien la gente hasta que llega el «ciertamente»; pues ¿no es evidente por sí solo que toda regla tiene sus excepciones? Pero así se justifica el ser humano, cuando cree haber dicho algo precipitado, común, medio verdadero: no deja de limitar, de modificar y de quitar y poner, hasta que por fin ya no queda nada de la cuestión. Y en esta ocasión se metió muy hondo en su tema: yo al fin dejé de oírle, me impacienté, y con gesto terminante, me apreté la boca de la pistola en la frente, sobre el ojo derecho.

—¡Eh! —dijo Alberto, quitándome la pistola—, ¿esto qué es?

—No está cargada —dije yo.

—Y aunque sea así, ¿qué? —respondió impaciente—. No me puedo imaginar que nadie sea tan tonto como para pegarse un tiro: solamente de pensarlo siento repugnancia.

—¡Esto de que la gente —exclamé— en cuanto empezáis a hablar de un asunto tengáis enseguida que decir: eso es una locura, o eso es sensato, eso es bueno o eso es malo! ¿Qué importa todo ello? ¿Habéis examinado la situación íntima de una acción? ¿Sabéis determinar con precisión las causas por las que ocurrió, por las que tuvo que ocurrir? Si lo hubierais hecho, no seríais tan precipitados en los juicios.

—Me concederás —dijo Alberto— que ciertas acciones siguen siendo reprobables cualquiera que sea su motivo.

Me encogí de hombros, y se lo concedí.

—Pero, querido amigo —proseguí—, aquí también se encuentran algunas excepciones. Es verdad que robar ganado está mal, pero el hombre que quiere salvarse, a sí mismo y a los suyos, de la inminente muerte por hambre, y comete un robo, ¿merece compasión o castigo? ¿Quién tirará la primera piedra[7] contra el hombre de honor que en su justa ira sacrifica a su esposa infiel y a su despreciable seductor? ¿O contra la muchacha que en una hora de delicia se pierde en los incontenibles gozos del amor? Nuestras propias leyes, aun con su pedantería de sangre fría, se dejan conmover y retiran su castigo.

—Eso es muy diferente —respondió Alberto—, porque un hombre a quien le arrastran sus pasiones, pierde toda su fuerza de sensatez, y se le considera como un borracho, como un loco.

—¡Ay de vosotros, las gentes razonables! —exclamé, sonriendo—. ¡Pasión! ¡Embriaguez! ¡Locura! Ahí estáis tan tranquilos, sin comprenderlo, los hombres morales. Censuráis al bebedor, os alejáis del insensato, y pasáis adelante, como aquel sacerdote; dando gracias a Dios, como el fariseo, de que no os haya hecho iguales a uno de aquéllos. Yo he estado borracho más de una vez; mis pasiones nunca han estado lejos de la locura: y no me arrepiento de ninguna de las dos cosas: pues he podido comprender, dentro de mi medida, cómo todos los hombres extraordinarios que han hecho algo grande, algo que parecía imposible, tenían que ser tachados siempre de borrachos y locos. Pero también en la vida corriente es insoportable oír a todos, en cuanto empieza a hacerse algo libre, noble, inesperado: ese hombre está borracho, es un loco. ¡Avergonzaos, los cuerdos; avergonzaos, los sabios!

—Ésta es otra de tus manías —dijo Alberto—: lo exageras todo, y aquí no tienes razón, por lo menos, en que comparas el suicidio, de que ahora se hablaba, con las gran-

7. Es curioso notar cómo esta expresión procedente del Evangelio (Juan, cap. 8, vs. 3-11) está empleada aquí en sentido contrario que en boca de Jesús, que perdonó a la adúltera.

des acciones: pues no se puede considerar sino como una debilidad. Porque, ciertamente, es más fácil morir que soportar decentemente una vida de tormentos.

Yo estaba a punto de cortar, pues ningún argumento me saca tan de quicio como que alguien salga con un lugar común cuando hablo de todo corazón. Sin embargo, me dominé, porque lo había oído muchas veces, y muchas veces me había irritado con ello; y le respondí con vivacidad:

—¿A eso le llamas debilidad? Te ruego que no te dejes engañar por la apariencia. Un pueblo que gime bajo el yugo insoportable de un tirano, ¿lo puedes llamar débil si estalla por fin y rompe sus cadenas? Un hombre que bajo el terror de que su casa se ha incendiado, siente tensas sus energías y mueve con ligereza cargas que apenas puede mover con el ánimo tranquilo; uno que, con la ira de verse insultado, la emprende con seis hombres y los domina ¿todos ésos, han de llamarse débiles?

Alberto me miró y dijo:

—No me lo tomes a mal, pero los ejemplos que das no parecen venir aquí a cuento.

—Puede ser —dije yo—; se me ha reprochado ya a menudo que mi manera de combinar a veces raya en charlatanería. Vamos a ver si no podríamos representarlo de otro modo, cómo se le puede ocurrir a alguien decidirse a arrojar el peso de la vida, por lo demás tan grato. Pues sólo en la medida en que lo comprendamos podemos hablar honradamente de algo.

»La naturaleza humana —proseguí yo— tiene sus límites: puede soportar alegría, dolor, sufrimiento hasta un cierto grado, y sucumbe en cuanto se sobrepasa. Aquí no se trata de si uno es débil o fuerte, sino de si puede sobrellevar la medida de su sufrimiento, sea corporal o moral:

y encuentro tan notable hablar de que es cobarde el hombre que se quita la vida, como sería inoportuno calificar de cobarde a quien muere de una fiebre maligna.

—Paradojas, son paradojas —exclamó Alberto.

—No tanto como crees —respondí—. Me concederás que llamamos enfermedad mortal[8] a aquella por la cual la Naturaleza resulta tan atacada que, en parte, se consumen sus fuerzas, y en parte quedan fuera de su eficacia, de tal modo que no pueden ayudar a salir adelante, al no ser ya capaces de restablecer el curso habitual de la vida con una afortunada revolución.

»Ahora, querido amigo, apliquemos esto al espíritu. Mira al hombre en su limitación; cómo influyen en él las impresiones, cómo se asientan en él las ideas, hasta que por fin una pasión creciente le priva de toda la fuerza tranquila de sus sentidos, haciéndole sucumbir.

»Es en vano que el hombre tranquilo y razonable contemple la situación del desgraciado; es en vano que le dirija la palabra. Igual que un hombre sano, que está junto al lecho de un enfermo, no podría infundirle lo más mínimo de sus energías.

Para Alberto, esto estaba dicho de modo demasiado genérico. Le recordé a la muchacha que hace poco se había encontrado muerta en el agua, y le repetí su historia:

—Una joven criatura excelente, que se había criado en el estrecho círculo de las ocupaciones caseras, del trabajo arreglado por semanas, y que no tenía otra perspectiva de diversiones sino ir con sus amigas a pasear los domingos

8. Esta expresión, «Krankheit zum Tode», procedente de las Escrituras (Juan, 11, 14, etc.) queda acuñada por Lutero en su traducción como frase hecha, y más tarde se convierte en título de una obra de Kierkegaard.

por la ciudad, con sus adornos arreglados poco a poco; quizá, en las fiestas solemnes, bailar, y por lo demás, charlar con alguna vecina muchas horas, con toda la viveza de su interés cordial, sobre el caso de una riña, de una murmuración. Su naturaleza fogosa sintió por fin exigencias interiores que fueron aumentando por las lisonjas de los hombres: sus anteriores amigas se le fueron haciendo insípidas, hasta que por fin encontró un hombre hacia quien la atraía irresistiblemente un sentimiento desconocido, y sobre el cual proyectó ahora todas sus esperanzas: olvidó así todo el mundo alrededor de ella, sin oír ni ver nada, sino a él, al único; y sin desear más que a él, al único. No corrompida por las vacías satisfacciones de una vanidad desmesurada, su exigencia tiende precisamente al fin; quiere ser suya, quiere, en enlace eterno, encontrar toda la dicha que le falta, disfrutar la unión de todas las alegrías que anhelaba. Las promesas repetidas, que sellan la certidumbre de todas las esperanzas, los mimos atrevidos, que excitan sus deseos, llegan a apresar por completo su alma; se cierne en una conciencia embotada, en un presentimiento de todos los goces, en tensión hasta el grado más extremo. Por fin, extiende sus brazos, para alcanzar todos sus deseos... y el amante la abandona. Inmóvil, sin sentido, se encuentra ante el abismo: todo es tiniebla en torno a ella: no tiene salida, ni consuelo, ni esperanza, pues la ha abandonado el único en quien ella sentía su existencia. No ve el ancho mundo que tiene delante, no ve a los muchos que podrían reemplazar esa pérdida: se siente sola, abandonada por todo el mundo; y, ciega, oprimida en la estrechez de la angustia espantosa de su corazón, se precipita para ahogar todos sus tormentos en una muerte que la rodee en torno. Mira, Alberto, ésa es la historia de tantos hombres: dime, ¿no es ése el caso de la enfermedad? La naturaleza no encuentra una salida en el laberinto de las fuerzas enredadas y contradictorias, y el hombre tiene que morir.

»Ay de aquel que al verlo pudiera decir: ¡Qué loca!; si hubiera esperado, si hubiera dejado actuar al tiempo, la desesperación se habría posado; habría llegado a encontrar otro para que la consolara. Es lo mismo que si uno dijera: ¡Qué loco, se ha muerto de fiebre! Si hubiera esperado hasta que sus fuerzas se recobraran, hasta que sus jugos vitales se mejoraran y el tumulto de su sangre se calmara, todo habría ido bien, y viviría hasta hoy.

Alberto, a quien la comparación no le resultaba evidente, objetó todavía algunas cosas, y entre otras, que yo había hablado de una muchacha inocente, pero que no comprendía que se disculpara a un hombre de buen entendimiento, que no está tan limitado, y que ve mejor las situaciones.

—Amigo mío —exclamé—, el hombre es hombre, y el poco entendimiento que uno pueda tener no entra en cuenta cuando arde la pasión y le oprimen a uno los límites del ser humano. Más bien... Ya seguiremos hablando de eso —dije, y tomé el sombrero.

Ah, sentía tan colmado el corazón... Y salimos juntos, sin habernos comprendido. A nadie en este mundo le es fácil entender a los demás.

15 de agosto

Pero es cierto que en el mundo lo único que hace necesario al hombre es el amor. Lo noto en Carlota, que no querría perderme, y los niños no piensan en otra cosa, sino en que yo vuelva siempre a aparecer al día siguiente. Hoy había ido para afinar el piano de Carlota, pero no pude hacer nada, pues los pequeños me perseguían pidiéndome un cuento, y la misma Carlota decía que debía darles gusto. Les repartí el pan de la merienda, que reciben de mí casi con tanto gusto como de Carlota, y les conté el cuentecillo de la princesa que era servida por unas manos. Aprendo mucho con esto, te lo aseguro, y estoy asombrado de la impresión que les hace. Como algunas veces tengo que inventar un punto incidental que olvido a la segunda vez, me dicen luego que la otra vez era de otra manera, de modo que me ejercito en recitarlos invariablemente en retahíla, con un tono de cantilena. He aprendido así cómo un autor tiene que estropear su libro con una segunda edición alterada de su relato, aunque lo mejore mucho poéticamente. La primera impresión nos encuentra dóciles, y el hombre está hecho de tal modo que se le puede persuadir de la cosa más inverosímil: pero esto se queda pegado enseguida, y ¡ay de aquel que quiera volver a rascarlo y corregir!

18 de agosto

¿Tendría, entonces, que ocurrir que lo que hace la felicidad del hombre se haga a su vez la fuente de su desdicha?

Todo el cálido sentir de mi corazón en la viva Naturaleza, que me invadió con tanta delicia, convirtiéndome alrededor el mundo en un paraíso, ahora se me convierte en un tormento insoportable, en un espíritu de sufrimiento que me persigue por todos los caminos. Cuando yo extendía antes mi mirada desde las rocas, sobre el río, hasta aquellas colinas, por encima del fértil valle; cuando veía aquellas montañas, revestidas de espesos y altos árboles desde los pies hasta la cabeza, y veía todo a mi alrededor manando y germinando, aquellos valles con sus variadas sinuosidades, a la sombra de los más hermosos bosques, mientras el suave arroyo se deslizaba entre las cañas susurrantes y reflejaba las luminosas nubes que mecía en el cielo el dulce viento de la tarde: cuando luego oía a los pájaros animando el bosque a mi alrededor, mientras los millones de enjambres de mosquitos bailaban vivaces en los últimos rayos rojos del sol, cuyo último fulgor palpitante hacía surgir los abejorros zumbantes de sus hierbas, y observaba el hervir y cruzarse de tantos seres en el suelo, y el musgo, que extrae su alimento de mi dura roca, y el hormigueo que crece por la seca colina de arena, todo eso me hacía ver la vida interna, ardiente, sagrada de la Naturaleza: ¡cómo lo recibía todo en mi cálido corazón, y me sentía divinizado en la rebosante abundancia, mientras que las espléndidas formas del mundo infinito se movían en mi alma, animándolo todo! Me rodeaban enormes montañas; ante mí, había abismos, y torrentes que se precipitaban; los ríos corrían allá abajo, y el bosque y la montaña resonaban: yo veía las fuerzas inescrutables actuando y creando juntas en las profundidades de la tierra: y luego, sobre la tierra y bajo el cielo, se agitaban todas las especies de las variadas criaturas. Todo, todo está poblado de mil formas, y los hombres se reúnen en casitas, asegurándose y haciendo su nido para reinar con su mente sobre el ancho mundo. ¡Pobre loco, tú que lo consideras todo tan poca cosa porque eres tan pequeño! Desde la serranía inaccesible, pasando por la soledad que no ha hollado ningún pie, hasta el fin del océano desconocido, sopla el espíritu del Creador eterno, y se complace en todo polvo que lo recibe y cobra vida. Ay, antes, cuántas veces he deseado las plumas de la grulla que volaba sobre mí, yendo a la orilla del mar inconmensurable, para beber en la copa espumante del infinito esa rebosante delicia de vida, y sentir sólo un instante, en la potencia limitada de mi pecho, una gota de la felicidad de ser, que todo lo que crea en sí y por sí. Hermano, sólo el recuerdo de esas horas me da bienestar. Aun reevocar esa tensión, esos sentimientos indecibles, y volver a expresarlos, eleva mi alma sobre ella misma, y me hace sentir luego doblemente lo temible de la situación en que me encuentro.

Delante de mi alma se ha retirado como un telón, y el escenario de la vida infinita se transforma ante mí en el abismo de la tumba abierta eternamente. ¿Puedes decir: ¡Esto es! cuando todo pasa? ¿Cuando todo transcurre con la rapidez del rayo, sin que perdure la fuerza entera de su existencia, ay, arrebatada en el torrente, sumergida y destrozada en las rocas? No hay un instante que no te destroce, y a los tuyos en torno a ti; ni un momento en que no seas y debas ser un destructor; el más inocuo paseo cuesta la vida a miles de pobres gusanillos: un pisotón destroza la penosa edificación de las hormigas y hunde un pequeño mundo en la mísera tumba. ¡Ah!, no me conmueven ni las grandes aflicciones más sorprendentes en el mundo, esas inundaciones, que arrastran vuestras aldeas, esos terremotos, que hunden vuestras ciudades: mi corazón queda sepultado por la fuerza devoradora que yace escondida en el conjunto de la Naturaleza, que no ha formado nada, que no ha destruido nada, ni a lo más próximo, ni a sí misma. Y así doy vueltas angustiado. El cielo y la tierra y sus fuerzas creativas me rodean: no veo nada sino una infinitud que devora y rumia eternamente.

21 de agosto

En vano extiendo mis brazos hacia ella, por la mañana, cuando amanezco de mis pesados sueños; en vano la busco por la noche en mi cama, cuando un sueño feliz e inocente me ha engañado, como si estuviera sentado junto a ella en el prado, estrechando su mano y cubriéndola de mil besos. Ay, cuando todavía entre el vértigo del sueño voy hacia ella a tientas, y con ello me animo, un torrente de lágrimas brota de mi corazón oprimido, y lloro sin consuelo ante un oscuro porvenir.

22 de agosto

Es una desdicha, Guillermo: mis fuerzas activas se han destemplado en una inquieta laxitud: no puedo hacer nada, y tampoco dejar de hacer. No tengo imaginación, ni sentimiento en la Naturaleza, y los libros me dan asco. Cuando nos faltamos a nosotros mismos, nos falta todo. Te juro que muchas veces desearía ser un jornalero, para que al despertar por la mañana tuviera una perspectiva del día inminente, un impulso, una esperanza. A veces envidio a Alberto, a quien veo enterrado hasta las orejas en documentos, y me imagino que me encontraría bien si estuviera en su lugar. Más de una vez he decidido que te iba a escribir, a ti y al Ministro, para obtener el puesto en una Embajada, que, como me aseguras, no me rehusarían. Yo mismo lo creo así. El Ministro me quiere hace mucho tiempo, y hace mucho que me ha invitado a dedicarme a alguna ocupación; y algunas horas pienso hacerlo. Luego, al volver a pensarlo, me acuerdo de la fábula del caballo que, impaciente con su libertad, se deja poner la silla y el bocado, y es cabalgado, para vergüenza suya. No sé qué he de hacer. Y, amigo mío, el anhelo que hay en mí por cambiar mi situación, ¿no es una incómoda impaciencia interior que me perseguirá siempre por todas partes?

28 de agosto

Es verdad que si mi enfermedad pudiese curarse lo conseguirían estas personas. Hoy es mi cumpleaños, y a primera hora recibo un paquetito de Alberto. Al abrirlo, me sorprende ver los lazos rosa que llevaba Carlota cuando la conocí, y que le había pedido varias veces desde entonces. Además, había dos libritos en duodécimo, el pequeño Homero de Wetstein, una edición que deseaba hace tiempo, para no tener que cargar con la edición de Ernesti cada vez que salgo de paseo.[9] ¡Mira!, así me salen al encuentro de mis deseos, me buscan las pequeñas complacencias de la amistad, que tienen mil veces más valor que esos regalos deslumbrantes con que nos humilla la vanidad del que nos los da. Beso mil veces estos lazos, y con cada aliento vuelvo a aspirar los recuerdos de esa felicidad con que me llenaron aquellos pocos días dichosos e irrepetibles. Guillermo, así es, y no me quejo de que las flores de la vida sean sólo apariencia. ¡Cuántas pasan sin dejar atrás una huella; qué pocas dejan fruto, y qué pocos de esos frutos llegan a madurar! Y, sin embargo, quedan bastantes; y, sin embargo —¡oh, hermano mío!—, ¿podemos descuidar, despreciar, dejar que se pudran los frutos maduros sin probarlos?

¡Adiós! Hace un verano espléndido; me siento a menudo bajo los frutales en el huerto de Carlota, con el recogedor de largo mango, y voy buscando las peras de lo más alto. Ella está abajo y las recibe cuando yo se las doy.

9. La edición de bolsillo en dos tomitos, del impresor de Amsterdam, J. H. Wetstein, aparecida en 1707, era más cómoda, aunque más antigua que la cuidada por el filólogo J. A. Ernesti (1764). Ambas contenían el texto griego enfrentado con su traducción latina.

¡Infeliz! ¿No eres un loco? ¿No te engañas a ti mismo? ¿Adónde va esta tumultuosa pasión sin fin? No tengo otra aspiración más que ella; mi imaginación no ve otra figura sino la suya, y todo el mundo a mi alrededor lo veo solamente en relación con ella. Y esto me procura entonces horas tan felices... ¡hasta que me tengo que volver a separar de ella! ¡Ay, Guillermo!, ¡adónde me empuja mi corazón! Cuando llevo sentado a su lado dos o tres horas, y me he apacentado en su figura, en sus ademanes, en la expresión celestial de sus palabras, cada vez con mis sentidos más en tensión, mis ojos se ensombrecen, apenas oigo, y siento como si un malhechor me estrangulara; luego, mi corazón, con latidos locos, trata de dar respiro a los sentidos oprimidos, y no hace sino aumentar su confusión... ¡Guillermo, muchas veces no sé si estoy en este mundo! Y —si a veces la melancolía no prevalece, y Carlota me concede el consuelo misericordioso de desahogar en llanto mi aflicción entre sus manos— luego tengo que marcharme, tengo que salir, y doy largas vueltas por el campo: mi alegría es trepar por una abrupta montaña, abrirme un camino por un bosque impenetrable, a través de setos que me hacen daño, y de espinas que me desgarran. Entonces me siento algo mejor: ¡un poco mejor! Y cuando me tiendo a veces por el camino, fatigado y sediento, y se eleva sobre mí la luna llena, o me siento en el bosque solitario sobre un árbol desmochado, para procurar algún alivio a mis pies llagados, entonces me adormezco en la penumbra con una calma desfallecida. ¡Oh, Guillermo!, el vivir solitario en una celda, el vestir áspero pelo y llevar cilicio serían delicias por las que anhela mi alma.

¡Adiós! A esta desdicha no le veo otro fin que la tumba.

3 de septiembre

¡Tengo que marcharme! Te agradezco, Guillermo, que hayas decidido mi vacilante resolución. Ya hace catorce días que doy vueltas a la idea de dejarla. Tengo que marcharme. Ella está otra vez en la ciudad con una amiga. Y Alberto... y... ¡tengo que marcharme!

10 de septiembre

¡Qué noche ha sido! ¡Guillermo! Ahora lo supero todo. ¡No la volveré a ver! ¡Ah, querría volar a abrazarte, para poder expresarte con lágrimas y arrebatos, amigo mío, las sensaciones que invaden mi corazón! Estoy sentado aquí tomando aliento, y trato de tranquilizarme, en espera de la mañana: al amanecer se engancharán los caballos.

Ah, ella duerme tranquila y no imagina que no me volverá a ver. Me he desprendido; he tenido bastante fuerza para no traicionar mi propósito en una conversación de dos horas. Y, ¡Dios mío, qué conversación! Alberto me había prometido ir con Carlota al jardín después de cenar. Yo estaba en la terraza bajo los altos castaños, y veía hundirse el sol, por última vez, sobre el hermoso valle, sobre el dulce río. ¡Cuántas veces estuve allí con ella, mirando el espléndido panorama! Y ahora... di vueltas por el paseo, arriba y abajo, tan querido para mí; un misterioso aire de afinidad me había retenido en él antes de conocer a Carlota, y luego disfrutamos en él, al descubrir nuestro mutuo afecto, al comienzo de nuestra amistad, en este lugar que es verdaderamente uno de los más románticos[10] que he visto producidos por el arte.

Pero entre los castaños es donde se tiene la mejor perspectiva... Ay, me acuerdo de haberte escrito mucho sobre ellos: cómo unos altos muros de haya, le encierran al fin a uno, y cómo el paseo va ensombreciéndose cada vez más por el bosque que se acumula sobre él, hasta que por fin todo termina en una plazoleta cerrada, transida de todos los estremecimientos de la soledad. Todavía siento qué sensación misteriosa tuve cuando entré allí, por primera vez, en un claro mediodía, presentí en silencio qué escenario sería éste, de bienaventuranza y desdicha.

Llevaba una media hora entretenido en el pensamiento dulce y letal de la despedida, de volver a verla, cuando les oí que subían a la terraza. Corrí a su encuentro, con un escalofrío tomé la mano de Carlota y la besé. Apenas nos reunimos, salió la luna tras la colina boscosa: hablamos de mil cosas y sin darnos cuenta nos acercarnos a aquel sombrío rincón. Carlota entró y se sentó, Alberto se puso a su lado y yo también; pero mi inquietud no me dejó quieto mucho tiempo: me puse de pie, me coloqué delante de ella, di vueltas de un lado para otro, me volví a sentar: era una situación angustiosa. Ella nos hizo notar el bello efecto del claro de luna, que iluminaba toda la terraza ante nosotros

10. Recuérdese que esto se escribió antes de la época propiamente romántica, y mucho antes de que tal adjetivo se usara adscrito a una época o a un estilo: procedía ese término de la literatura inglesa, donde, a su vez por referencia a la raíz francesa de «roman», novela, tenía un sentido de «emocionante» y «novelesco» que habría de llegar a ser contraseña de toda una época, preparada por el sentimentalismo de la segunda mitad del siglo XVIII inglés y por el *Sturm und Drang*, que tuvo precisamente en el *Werther* su obra más típica.

al extremo del hayedo: un espectáculo espléndido, más sorprendente porque nos envolvía una honda penumbra. Quedamos en silencio, y tras una pausa, ella empezó a decir:

—Nunca doy un paseo bajo la luz de la luna sin que me invada el recuerdo de mis muertos; sin que me domine el presentimiento de la muerte, del porvenir. ¡Hemos de seguir existiendo! —continuó, con una sublime emoción en la voz—, pero, Werther, ¿nos volveremos a encontrar? ¿Nos volveremos a reconocer? ¿Qué presiente usted qué dice?

—Carlota —dije yo, tendiéndole la mano, con los ojos llenos de lágrimas—, ¡nos volveremos a ver! ¡Aquí y allá, nos volveremos a ver!

No podía seguir hablando: ¡Guillermo, que me lo preguntara cuando yo tenía en el corazón esa angustiosa despedida!

—Y nuestros queridos muertos ¿saben de nosotros —prosiguió—, saben si nos va bien, y saben que nos acordamos de ellos con cálido amor? ¡Ah, la figura de mi madre siempre se cierne ante mí, cuando en la calma de la tarde me siento entre los niños, suyos y míos, que se reúnen a mi alrededor como se reunían en torno a ella! Luego, cuando miro al cielo con una lágrima de añoranza, deseo que ella pudiera mirar acá por un momento, para ver cómo observo la palabra que le di en la hora de su muerte: ser la madre de sus hijos. ¡Con qué emoción exclamo: Perdóname, madre querida, si no soy para ellos lo que fuiste tú! ¡Ay!, pero hago todo lo que puedo: están vestidos, alimentados, y, lo que vale más que todo, tienen cuidados y cariño. ¡Si pudieras ver nuestra unión, santa querida, darías gloria a Dios con el más cálido agradecimiento, al Dios a quien pediste con tus amargas lágrimas finales por el bienestar de tus hijos…!

¡Eso dijo! ¡Ah, Guillermo, quién puede repetir lo que

dijo! ¡Cómo podrá representar la letra, fría y muerta, el florecimiento celestial del espíritu! Alberto la interrumpió suavemente:

—¡Te acaloras demasiado, querida Carlota! Sé que pones tu alma en estas ideas, pero te ruego...

—Oh, Alberto —dijo—, ya sé que no olvidas las tardes en que nos reuníamos junto a la mesita redonda, cuando papá se había ido de viaje y los niños se habían acostado ya. Muchas veces traías un buen libro, pero raramente llegabas a leer... ¿No valía más que todo la conversación de aquella noble alma? ¡Qué mujer más admirable, dulce, animosa y siempre activa! Dios conoce las lágrimas con que me postré ante Él muchas veces en mi lecho, rogándole que me hiciera ser igual que ella.

—¡Carlota! —exclamé, arrojándome ante ella y cubriendo de mil lágrimas su mano—. ¡Carlota! La bendición de Dios está sobre ti y sobre el espíritu de tu madre.

—Si la hubieras conocido —dijo, estrechando mi mano—, merecía que la conocieras. —Creí desvanecerme: nunca me habían dicho unas palabras tan grandes y tan enorgullecedoras; y ella prosiguió—: ¡Y esta mujer tuvo que desaparecer en la flor de sus años, cuando su hijo más pequeño no tenía ni seis meses! Su enfermedad no duró mucho: quedó tranquila, entregada: sólo sentía dolor por sus hijos, sobre todo el más pequeño. Al llegar su fin, me dijo: Tráemelo: y cuando se lo traje, los pequeños no comprendían, y los mayores estaban como sin sentido, alrededor de su cama: ella levantó la mano, rogó por ellos, los besó uno tras otro, y los despidió, diciéndome: ¡Sé su madre! Yo estreché su mano: Ella dijo: me prometes mucho, hija mía: el corazón y la mirada de una madre. Muchas veces he visto en tus lágrimas de gratitud que sientes lo que es eso. Ten para con tu padre y tus hermanos la fidelidad y obediencia de una mujer. Les consolarás. Preguntó por él: había salido para escondernos la aflicción insostenible que sentía: el buen hombre estaba completamente destrozado. Alberto, tú estabas en el cuarto. Ella oyó andar a alguien, y preguntó y te hizo acercarte; y cuando te vio, me miró y, la mirada tranquila y consolada, supo que éramos felices, que seríamos felices juntos.

Alberto la abrazó y besó, exclamando:

—¡Lo somos! ¡Lo seremos!

El sosegado Alberto estaba completamente fuera de su manera de ser, y yo no sabía nada de mí mismo.

—Werther —continuó ella—, ¡y esta mujer tuvo que morir! ¡Dios mío!, ¡cuando a veces pienso que uno se deja llevar lo más querido de la vida! Nadie lo siente tanto como los niños, que durante mucho tiempo se estuvieron lamentando de que los hombres muertos se habían llevado a mamá.

Se levantó, yo volví en mí con un estremecimiento: seguí sentado, y tomé su mano.

—Vámonos —dijo—, ya es hora.

Quiso retirar su mano, y yo la retuve con más fuerza.

—Nos volveremos a ver —exclamé—, nos encontraremos, nos reconoceremos entre todos los seres. Me voy —continué—, me voy de buen grado, pero aun cuando hubiera de decir que me voy para la eternidad, no lo cumpliría. ¡Adiós, Carlota! ¡Adiós, Alberto! Nos volveremos a ver.

—Mañana, supongo —contestó ella en broma.

Sentí ya aquel mañana: ay, ella no lo sabía cuando retiró su mano de la mía. Se fueron por el paseo: yo me quedé quieto mirándoles ir bajo el claro de luna, y me arrojé por tierra, deshaciéndome en llanto. Luego, me puse en pie de un salto y corrí a la terraza: todavía vi allí abajo, a la sombra de los altos tilos, su traje blanco destacándose en la puerta del jardín: extendí mis brazos, y desapareció.

LIBRO SEGUNDO

20 de octubre de 1771

Ayer llegamos aquí. El Embajador está indispuesto, y no se dejará ver en unos días. Todo estaría bien, con tal que no fuera tan antipático. Observo muy bien que el destino me ha reservado pruebas muy duras. Pero ¡buen ánimo! Con buen ánimo se soporta todo. ¿Buen ánimo? Esta palabra me hace reír al brotar en mi pluma. Oh, un poco de sangre más animada me haría el ser más feliz bajo el sol. ¡Qué!, cuando otros, con un poquito de fuerza y talento, se pavonean delante de mí en cómoda satisfacción consigo mismos, ¿yo desespero de mi fuerza y de mis dotes? Buen Dios, tú que todo me lo concedes, ¿por qué no te has reservado la mitad y me has dado en cambio confianza en mí mismo y complacencia?

¡Paciencia, paciencia! Ya mejorará. Pues te digo, querido amigo, que tienes razón. Desde que ando todos los días entre la gente y veo lo que hacen y cómo se afanan, estoy mucho mejor conmigo mismo. Ciertamente, como estamos hechos de tal manera que todo lo comparamos con nosotros, y a nosotros con todo, la dicha o la miseria se encuentran en los objetos con que nos relacionamos, y no hay cosa más peligrosa que la soledad. Nuestra imaginación, impulsada por su naturaleza a elevarse, y nutrida por las imágenes fantásticas de la poesía, se forma una escala de seres, en la cual somos lo último, y todo lo que está fuera de nosotros nos parece espléndido; todo lo demás lo consideramos más perfecto. Y esto es muy natural. Sentimos muchas veces que nos falta algo y que lo que precisamente parece faltarnos a menudo parece que lo tiene otro, al cual entonces le atribuimos todo lo que tenemos, además de una cierta facilidad ideal. Con eso queda perfecto ese ser feliz, que no es sino nuestra propia creación.

Por el contrario, basta que sigamos adelante trabajando, aun con nuestra debilidad y nuestro esfuerzo, para que encontremos a menudo que, a pesar de toda nuestra lentitud y nuestros rodeos, llegamos más adelante que otros con viento en popa y toda la fuerza de los remos, y... entonces hay una auténtica sensación de lo que es uno mismo, cuando se alcanza o se sobrepuja a los otros.

26 de noviembre

Empiezo a encontrarme aquí en conjunto bastante bien. Lo mejor es que hay bastante que hacer, y hay gente muy variada, caras siempre nuevas que forman una escena abigarrada ante mi alma. He conocido al Conde C..., hombre a quien respeto cada día más, una gran cabeza, pero sin ninguna frialdad. Me recibió con mucha simpatía cuando despaché con él un asunto y a las primeras palabras noté que nos comprendíamos, y que podía hablar con él como no hablo con cualquiera. No puedo elogiar bastante su actitud abierta conmigo. No hay en el mundo una alegría auténticamente tan cálida como abrirse y franquearse con alguien.

El Embajador me irrita mucho, como lo había previsto. Es el tonto más meticuloso que puede haber: paso a paso, minucioso como una vieja solterona; un hombre que nunca está contento consigo mismo, y al que nadie le puede contentar. Yo trabajo bien y de buena gana, y como sale, así queda: entonces él encuentra ocasión para rectificarme un texto, diciéndome:

—Está bien, pero revíselo: siempre se encuentra una palabra mejor, una partícula más exacta.

Yo me daría a los demonios. No se puede dejar fuera un «y», ni una palabrita de enlace, y es enemigo mortal del hipérbaton, que a mí se me escapa a menudo:[1] cuando no se desarrollan sus párrafos siguiendo la melodía dada, no comprende nada de lo que se diga. Es un padecimiento tener que tratar con un hombre así.

La confianza del Conde de C... es todavía lo único que no me hace sufrir. Últimamente me dijo con toda sinceridad qué descontento estaba con la lentitud y prolijidad de mi Embajador.

—La gente se molesta a sí misma y a los demás, pero —dijo— hay que resignarse: como un viajero que tiene que atravesar una montaña: claro que si no hubiera montaña el camino sería más cómodo y breve, pero ya que está, hay que atravesarla.

Mi jefe nota la preferencia que tengo ante el Conde sobre él, y eso le irrita, aprovechando toda ocasión para hablar mal del Conde: yo, como es natural, procuro llevar-

1. El excesivo hipérbaton, con inversión del poder alemán de las palabras, es característico del estilo del más joven Goethe, aunque en escala más moderada en *Werther.*

le la contraria, con lo que se empeora la cosa. Ayer se metió conmigo, pues la cosa iba contra mí: dijo que el Conde, para los asuntos del mundo, tenía buena intención, que tenía facilidad para trabajar y manejaba bien la pluma, pero que, en el fondo, le faltaba auténtico saber, como a todos los aficionados a la literatura. Y al decirlo puso una cara como si dijera: ¿Notas la punzada? Pero no me hizo ningún efecto: desprecié a aquel hombre que podía pensar y comportarse así. Le hice frente y combatí con bastante firmeza. Dije que el Conde era un hombre al cual había que tener respeto por su carácter, así como por sus conocimientos.

—No he visto a nadie —dije— que tenga tanto acierto para ampliar su espíritu, expansionándolo sobre incontables temas, y, sin embargo, que sepa conservar esa misma actividad para la vida corriente.

Para su mente, esto era desvariar, y me prometí a mí mismo no seguir tragando hiel con más tonterías.

Y de esto tenéis la culpa todos los que me habéis convencido para que me echara el yugo, cantándome alabanzas de la actividad. ¡Actividad! Si quien siembra patatas y va a la ciudad a vender su trigo no tiene más actividad que yo, estoy dispuesto a seguir diez años más en la galera donde estoy aherrojado.

¡Y qué miseria resplandeciente, qué aburrimiento entre estas gentes mezquinas que se están viendo aquí unas a otras! ¡Su manía de grandezas, y cómo vigilan y se acechan para dar un pasito adelante; las pasiones más miserables y lamentables, sin nada que las cubra! Por ejemplo, hay una mujer que habla a todo el mundo de su nobleza y de su tierra, de modo que cualquier desconocido tiene que pensar que es una loca que se imagina maravillas con un poquito de nobleza y con la fama de sus posesiones:

pero lo peor es que esa mujer es precisamente de la vecindad y es la hija de un escribiente, un empleadillo. Mira, no puedo comprender al género humano: no tiene sentido degradarse de modo tan bajo.

Ciertamente, amigo mío, a diario noto qué tontería es medir a los demás por uno mismo. Y como tengo tanto que hacer conmigo mismo, y este corazón está tan tormentoso… ay, de buena gana dejo ir a los demás por su camino, con tal que me dejen ir por el mío.

Lo que más me irrita son las inevitables relaciones sociales. Verdad es que yo sé como cualquier otro que es necesaria la distinción de las clases, y cuántas ventajas me procura: pero no debería meterse por mi camino precisamente cuando podría gustar un poco de alegría, un fulgor en este mundo. Hace poco, en el paseo, conocí a una señorita de B…, una amable criatura que ha conservado mucha naturalidad en medio de esta rígida vida. Nos resultamos simpáticos en la conversación, y al separarnos le pedí permiso para ir a visitarla. Me lo concedió de tan buena gana que apenas podía aguardar el momento oportuno para ir a verla. No es de aquí, y vive en casa de una tía suya. La fisonomía de la vieja no me gustó nada. Le mostré gran cortesía, mi conversación estuvo principalmente dirigida a ella, y en media hora me di cuenta de lo que luego me confesó la misma señorita B…: que su buena tía, privada de todo, sin un haber decente, sin espíritu ni protecciones, no tenía otro placer que mirar desde lo alto de su estirpe por encima de las cabezas burguesas. En su juventud debió de ser bella, y había pasado la vida revoloteando; primero había atormentado con sus caprichos a muchos pobres jóvenes, para reducirse en sus años más maduros a la obediencia de un viejo oficial, que, por ese precio y una mediana renta, sobrellevó con ella la «edad de hierro» hasta que murió. Ahora se ve en el hielo de la soledad, y nadie le haría caso si su sobrina no fuera tan amable.

8 de enero de 1772

¡Qué personas son ésas cuya alma entera descansa en el ceremonial, y cuya atención y reflexión, año tras año, giran en torno a cuánto van a subir de silla en silla hacia la cabecera de la mesa! Y no es que no tengan otras oportunidades: no, más bien se amontonan los trabajos, precisamente porque con esas pequeñas suspicacias se ven impedidos para atender a las cosas importantes. La semana pasada hubo quisquillosidades patinando en el hielo, y toda la diversión se echó a perder.

Esos tontos no ven que en realidad no se trata del lugar, y que quien tiene el primero, raramente es quien hace el primer papel. Muchos reyes están gobernados por sus ministros, y muchos ministros por sus secretarios. ¿Quién es entonces el primero? Aquel, creo yo, que extiende su mirada sobre los demás, y que tiene suficiente fuerza o astucia para ajustar a la realización de sus planes sus fuerzas y pasiones.

20 de enero

Tengo que escribirle,[2] querida Carlota, aquí, en el cuarto de una mezquina posada de labradores, en que me he re-

2. Aunque anteriormente Werther ha llamado de «tú» a Carlota, en esta carta usa el «usted», y más adelante insistirá en el tratamiento, conforme a su situación de distanciamiento y desesperación.

fugiado por una fuerte tormenta. Mientras que doy vueltas por el triste nido de D…, entre gente extraña, totalmente extraña a mi corazón, no he tenido un momento en que mi corazón hubiera estado propicio para escribirle, y ahora en esta cabaña, en esta soledad, en esta estrechez, cuando la nieve y el granizo se enfurecen contra mi ventanita, usted ha sido mi primer pensamiento. Al entrar, me invadió su recuerdo, su figura, ¡oh, Carlota!, ¡de un modo tan sagrado y cálido! ¡Buen Dios!, ha vuelto a ser el primer momento de felicidad.

Si me viera, querida mía, en el torbellino de la dispersión, qué secos están quedando mis sentidos: ni un momento de plenitud del corazón, ni una hora de felicidad, ¡nada, nada! Estoy como ante una caja de curiosidades, y veo avanzar ante mí los hombrecitos y los caballitos, y muchas veces me pregunto si no es una ilusión óptica. Juego con ellos, o mejor dicho, juegan conmigo, como una marioneta, y algunas veces, al estrechar la mano de madera de mi vecino, me echo atrás estremecido. Por la noche me propongo disfrutar del amanecer, pero no salgo de la cama; de día espero disfrutar el fulgor de la luna, y me quedo en mi cuarto. No sé muy bien por qué me levanto, y por qué me acuesto.

Una sola criatura femenina he encontrado aquí, una cierta señorita de B…, que se parezca a usted, querida Carlota, si se pueden hacer tales comparaciones. ¡Ah!, dirá que me entrego a lindos cumplimientos. No deja de ser un tanto cierto. Desde hace algún tiempo soy muy cumplido, porque no puedo ser de otro modo; tengo mucho ingenio, y las señoras dicen que nadie sabría elogiar tan sutilmente como yo (y mentir, añadirá, pues sin eso no es posible, ¿comprende?). Quería hablar de la señorita B… Tiene mucho espíritu, que irradia en sus ojos azules. Su nobleza es para ella una carga, que no satisface ninguno de los deseos de su corazón. Anhela salir de este tumulto, y muchas horas andamos en nuestra fantasía por escenas campesinas de dicha inmaculada; ay, y hablamos de usted. Muchas veces tiene que tener paciencia por usted, mejor dicho, lo hace de buena gana, y le gusta oír hablar de usted, y la quiere.

Ah, ojalá estuviera yo sentado a sus pies en aquel cuartito íntimo, y nuestros queridos niños dieran vueltas en torno a nosotros; cuando le molestaran con su ruido, yo los reuniría y les contaría un cuento de miedo para que se estuvieran callados.

El sol se está poniendo espléndidamente sobre el paisaje cubierto de nieve, la tormenta ha pasado y yo... tengo que encerrarme otra vez en mi jaula. ¡Adiós! ¿Está Alberto con usted? ¿Y cómo...? ¡Dios me perdone esta pregunta!

8 de febrero

Hace ocho días que tenemos el peor tiempo, y me hace muy buen efecto. Pues mientras estoy aquí, todavía no ha habido para mí un día bueno en el cielo, que alguien no me haya estropeado o echado a perder. Cuando llueve, hace ventisca y hiela o deshiela... ¡bien!, pienso yo, en casa no me puede ir peor que fuera ni al contrario, y está bien. Si el sol sale por la mañana prometiendo un día bueno, nunca puedo menos de exclamar: Aquí tenemos otra vez un bien celestial, con el cual pueden venir a verle a uno. No hay nada por lo que no le puedan venir a ver a uno. Salud, buen nombre, alegría, reposo; y casi siempre se trata de tontería, incomprensión y mezquindad, aunque, de hacerles caso, con la mejor de las intenciones. A veces querría pedirles de rodillas que no enloquecieran de modo tan desatado en sus propias entrañas.

17 de febrero

Me temo que mi Embajador y yo ya no podemos aguantarnos más. Este hombre es completamente insoportable. Su manera de trabajar y de resolver los asuntos es tan ridícula que no puedo evitar contradecirle, y muchas veces hago una cosa según mi opinión y mi manera de ver, lo cual, como es natural, no le parece bien jamás. De eso me ha acusado recientemente a la Corte, y el Ministro me ha dado una reprimenda, suave ciertamente, pero ha sido una reprimenda, y yo estaba a punto de pedir mi cese, cuando recibí de él una carta particular,* una carta ante la cual me he arrodillado, adorando su alta, noble y sabia manera de pensar. ¡Cómo justifica mi excesiva suspicacia; cómo, ante mis exageradas ideas sobre la eficacia, sobre el influjo en los demás, sobre la entrega a las ocupaciones, las alaba con buen ánimo juvenil, y no trata de desarraigarlas, sino sólo de suavizarlas y de orientarlas hacia donde pueden tener su verdadero desarrollo, pudiendo tener su efecto más poderoso! Yo también, en ocho días, me he sentido fortalecido y me he puesto de acuerdo conmigo mismo. La calma del espíritu es una cosa espléndida, como la alegría por uno mismo. Querido mío, lástima que esta alhaja sea tan frágil como bella y preciosa.

* Por respeto a ese excelente señor se han suprimido de esta colección la carta mencionada y otra que se citará más adelante, porque no se creía que ni el más cálido agradecimiento del público pudiera disculpar semejante atrevimiento. *(Nota de Goethe.)*

20 de febrero

¡Dios os bendiga, queridos míos, y os dé todos los días buenos de que me priva!

Te agradezco, Alberto, que me hayas engañado: esperaba la noticia de cuándo sería vuestra boda, y me había propuesto quitar solemnemente de la pared el perfil de Carlota y enterrarlo, junto con otros papeles. ¡Ahora sois ya un matrimonio, y su imagen sigue todavía ahí! ¡Bien, pues ahí se quedará! ¿Y por qué no? Sé que también estoy entre vosotros, sin mengua para ti, en el corazón de Carlota; más aún, sé que tengo allí el segundo lugar, y quiero y debo conservarlo. Ah, tendría que volverme loco para poder olvidarlo... Alberto, en esa idea hay para mí un infierno. Alberto, ¡adiós! ¡Adiós, ángel del cielo! ¡Adiós, Carlota!

15 de marzo

He tenido un disgusto que me arrebata de aquí. Rechino los dientes: ¡demonio! No se puede remediar, pero la culpa la tenéis solamente los que me espoleabais y empujabais y atormentabais a meterme en un puesto que no iba con mi manera de ser. ¡Ya lo tenéis! Y para que no me vuelvas a decir que mis ideas exageradas lo estropean todo, aquí tienes, mi estimado señor, una narración sencilla y directa, tal como la trazaría un cronista.

El Conde de C... me quiere, me distingue, ya se sabe, y te lo he dicho muchas veces. Ayer estaba comiendo con él, precisamente en el día en que por la tarde se reúne con él un grupo aristocrático de señores y señoras, en quienes nunca había pensado; tampoco se me ocurrió que nosotros, los subalternos, no formamos parte de tal ambiente. Bien. Comí con el Conde, y después de comer dimos vueltas por la gran sala, y yo hablaba con él, y con el Coronel B…, que llegó entonces, y así se hizo la hora de la reunión. Yo, Dios lo sabe bien, no pensaba en nada. En esto aparece la distinguidísima Señora de S… con su señor marido, y el patito desplumado de su hija, y al pasar ponen ojos y narices con gestos de gran aristocracia: como esa clase de gente me es antipática de corazón, me iba a despedir y aguardaba sólo a que el Conde estuviera libre de su repugnante cháchara, cuando en esto entra mi señorita de B… Como el corazón siempre se me abre un poco cuando la veo, me quedé quieto, me coloqué detrás de su silla, y tardé algún tiempo en darme cuenta de que hablaba conmigo de manera menos abierta que otras veces, y con cierto empacho. Me sorprendió. ¿Es como toda esta gente?, pensé, y me sentí herido: iba a marcharme, pero me quedé porque me habría gustado disculparla, y no lo creía, esperando todavía una palabra amable por su parte, con esperanza… de lo que tú quieras. Mientras tanto se fue completando la reunión. El Barón F…, con todo el guardarropa de los tiempos de la coronación de Francisco I; el Consejero de corte R…, pero aquí nombrado en su calidad de Señor de R…, con su mujer sorda, sin olvidar al mal conformado J…, que rellenaba los vacíos de su guardarropa del tiempo de los francos con remiendos de moda reciente; todos ellos se fueron añadiendo al montón: yo hablé con algunos conocidos, y todos estuvieron muy lacónicos. Yo reflexioné…. y sólo me fijé en mi B… No noté que todas las señoras se cuchicheaban al oído al fondo de la sala, y que la señora de C… hablaba con el Conde (todo eso me lo contó después la señorita B…), hasta que por fin el Conde se me acercó y me llevó a una ventana.

—Ya sabe usted —dijo— nuestras curiosas costumbres; noto que la reunión está descontenta. Yo no quería por nada…

—Excelencia —interrumpí—, le pido mil veces perdón: habría debido pensarlo antes, y ya sé que me perdonará este descuido: ya me quería despedir antes, pero un mal espíritu me ha retenido —añadí sonriendo, a la vez que me inclinaba.

El Conde me estrechó la mano con una cordialidad que lo decía todo. Yo me desprendí suavemente de la noble reunión, salí, me metí en un coche, y me fui a M…, para ver allí ponerse el sol desde la colina, leyendo en mi Homero el espléndido canto de cómo Ulises recibió la hospitalidad del excelente porquero. Todo eso estaba bien.

Por la noche volví a cenar, y había todavía pocos en el comedor de la posada, jugando a los dados en una esquina, con el mantel retirado. Entonces entra el noble Adelin, deja el sombrero, mirándome, se acerca a mí, y me dice en voz baja:

—¿Te has llevado un disgusto?

—¿Yo? —dije.

—El Conde te ha hecho salir de la reunión.

—¡El diablo se lo lleve! —dije—, me alegré de poder salir al aire libre.

—Bien —dijo—, está bien que lo tomes por las buenas. Lo que me disgusta es que ya ha corrido por ahí.

Entonces es cuando empezó a cosquillearme el asunto. Todos los que llegaban a la mesa y me miraban, pensaba yo que me veían metido en el asunto. Esto me envenenaba la sangre.

Y hoy, donde entro, si unos me compadecen, sé que los que me envidian triunfan y dicen: Así se ve adónde van a parar los presuntuosos, los que empinan con lo poco que tienen y creen poder trastornar todas las relaciones; y demás murmuraciones de esos perros... entonces querría uno clavarse un cuchillo en el corazón: pues por más que se hable de independencia, ya lo verá el que quiera aguantar que hablen de él los pillos en cuanto tengan una ventaja sobre él; mientras su charla es vana, ay, entonces sí se les puede dejar fácilmente.

16 de marzo

Todo me acosa. Hoy me he encontrado a la señorita B... en el paseo, y no pude menos de dirigirle la palabra, en cuanto estuvimos un poco alejados de la gente, para expresarle mi suspicacia por su nueva actitud.

—Oh, Werther —dijo, con tono entrañable—, ¿no pudo usted comprender mi confusión si conoce mi ánimo? ¡Cuánto sufrí por usted desde el momento en que entré en la sala! Lo preví todo; cien veces tuve en la punta de la lengua decírselo. Sabía que las de S... y T..., con sus maridos, antes reventarían que permanecer en compañía de usted: sabía que el Conde no puede indisponerse con ellos, ¡y ahora este escándalo!

—¿Cómo, señorita? —dije, ocultando mi espanto; pues todo lo que me había dicho anteayer Adelin, en ese momento corría por mis venas como agua hirviendo.

—¡Cuánto me costó! —dijo la dulce criatura, con los ojos llenos de lágrimas.

Yo ya no era dueño de mí mismo, y estuve a punto de echarme a sus pies.

—Explíquemelo —exclamé.

Las lágrimas corrieron por sus mejillas. Yo estaba fuera de mí. Ella las secó, sin querer ocultarlas.

—Ya conoce usted a mi tía —empezó—: estaba presente, y, oh, con qué ojos lo contempló. Werther, anoche le aguanté un sermón sobre mi trato con usted, y esta mañana otro, y he tenido que oír cómo le rebajaba a usted, cómo le humillaba, y sólo he podido defenderle a medias.

Cada palabra que decía me atravesaba el corazón como una espada. Ella no sentía qué misericordia hubiera sido callármelo todo; y todavía añadió cuánto se charlaría aún sobre ello, y qué clase de gente lo consideraría como un triunfo: cómo se reirían y alegrarían ahora con este castigo a mi orgullo y a mi poca estimación de otras personas, lo cual me lo reprochan hace ya tiempo. Y todo eso, Guillermo, oírselo a ella, con el acento de la más auténtica simpatía por mí; ...me quedé destrozado, y todavía ardo de cólera dentro de mí. Quería que alguien se me pusiera delante reprochándomelo para poder atravesarle con un puñal: si viera sangre, me sentiría mejor. Ah, muchas veces he tomado un cuchillo para dar aire a este corazón oprimido. Se cuenta de una especie noble de caballos que cuando los acosan y persiguen terriblemente, se muerden ellos mismos una vena por instinto, para recobrar el aliento. Así me ocurre a mí muchas veces: querría abrirme una vena que me diera la libertad eterna.

24 de marzo

He pedido mi cese a la Corte, y espero que lo recibiré y me perdonarás que no te haya pedido antes tu permiso. Tenía que irme enseguida, y lo que habías de decirme para convencerme de que me quedara ya lo sabía todo, y por tanto... Pon a mi madre de buen humor: yo mismo no puedo hacerlo, y quizá le gustará, aunque yo no lo pueda hacer.

Claro que le disgustará. La hermosa carrera que iba a llevar a su hijo a Consejero secreto y a Embajador, ahora la ve cortada de repente, y ¡de vuelta el animalito al establo! Ponte como quieras, y combina todos los casos posibles, según los cuales yo habría debido quedarme: basta, me voy; y para que sepas adónde voy, aquí está el Príncipe**, que encuentra mucho gusto en mi compañía, y me ha rogado, al saber mi intención, que vaya con él a sus fincas para pasar allí una hermosa primavera. Yo estaré completamente a mi gusto, y como nos entendemos hasta cierto punto, quiero probar esta buena suerte yendo con él.

PARA INFORMACIÓN

19 de abril

Gracias por tus dos cartas. No he contestado porque no he empezado la carta hasta que me llegó de la Corte el cese: temía que mi madre se fuera a dirigir al Ministerio, estorbando mi propósito. Pero ahora ya ha ocurrido y aquí está mi despido. No te puedo decir de qué mala gana me lo han dado y lo que me escribe el Ministro: prorrumpirías en nuevas lamentaciones. El Príncipe heredero me ha enviado como despedida veinticinco ducados, con unas palabras que me han conmovido hasta las lágrimas: de modo que no necesito de mi madre el dinero que le pedí hace poco.

5 de mayo

Mañana me marcho de aquí, y como mi lugar natal sólo está a seis millas de camino, quiero volver a verlo para recordar los antiguos días de los sueños felices. Entraré por aquella misma puerta por donde salió mi madre conmigo cuando, a la muerte de mi padre, abandonó el querido lugar familiar para encerrarse en su insoportable ciudad. Adiós, Guillermo. Ya oirás de mi viaje.

9 de mayo

He hecho la peregrinación a mi lugar natal con toda la piedad de un romero, y me han invadido muchos sentimientos inesperados. Junto al gran tilo que está a un cuarto de hora de la ciudad, hacia S…, hice parar, bajé y mandé al postillón que siguiera, para poder saborear a pie todos los recuerdos en mi corazón, con toda novedad y viveza. Allí estaba yo, bajo el tilo que, cuando yo era niño, había sido la meta y el límite de mis paseos. ¡Qué diferencia ahora! Entonces, con feliz inconsciencia, sentía anhelo de salir al mundo desconocido, donde esperaba encontrar sustento y placer para mi corazón, satisfaciendo y colmando mi pecho esforzado y ansioso. Ahora vuelvo del ancho mundo —¡oh, amigo mío, con cuántas esperanzas fallidas, con cuántos planes destrozados!—. Vi ante mí la sierra que tantas veces había sido el objeto de mis deseos. Durante horas y horas me podía entonces sentar, a dejarme llevar por mis anhelos, perdiéndome con lo más hondo de mi alma por los bosques y los valles; y cuando, a la hora precisa, tenía que regresar, ¡con qué disgusto dejaba aquel sitio tan amado! Ahora me acerqué a la ciudad, y saludé las viejas y conocidas casitas de las huertas; las nuevas me disgustaban, como también las alteraciones que se habían realizado entretanto. Me acerqué a la puerta, y al entrar me volví a encontrar enseguida enteramente como antes. Querido mío, no puedo entrar en detalles; por encantador que fuera para mí, en el relato se volvería monótono. Había decidido alojarme en la plaza del mercado, junto a nuestra vieja casa. Al pasar noté que la escuela donde una excelente vieja nos había tenido en su redil a todos los niños estaba transformada en tienda. Recordé la intranquilidad, las lágrimas, el aturdimiento de mis sentidos, el miedo de mi corazón, que tuve que soportar en aquel agujero. Ahora, no di un paso que no me llenara de sorpresas. Un peregrino en tierra santa no encuentra tantos lugares de recuerdo religioso, y difícilmente se llenará tanto su alma de emoción sagrada. Un ejemplo entre mil. Bajé junto al río, hasta un caserío; éste había sido antes también uno de mis paseos, y el lugar donde los muchachos nos ejercitábamos en hacer saltar el mayor número de veces una piedra plana sobre el agua. Lo recordé con mucha viveza: cuántas veces me quedé allí parado mirando pasar el agua, y con qué sorprendentes presentimientos la seguí, y qué llenos de aventuras me imaginaba los lugares hacia donde fluía, y cómo pronto encontraba límites a mi imaginación; sin embargo, tenía que seguir adelante, cada vez más, hasta que me perdía completamente contemplando una lejanía invisible. Mira, querido mío, esa misma limitación y felicidad fue la que tuvieron los patriarcas; así era de infantil su ánimo y su poesía. Cuando Ulises habla del mar inconmensurable y de la tierra infinita, es verdadero, es humano, entrañable, íntimo y misterioso. ¿De qué me sirve poder repetir ahora, con todos los niños de escuela, que la tierra es redonda? El hombre necesita sólo unos pocos terrones para disfrutar sobre ellos, y menos todavía para descansar debajo de ellos.

Ahora estoy aquí, en el pabellón de caza del Príncipe. Se puede vivir muy bien con este señor: es auténtico y sencillo. En torno de él hay personas curiosas que no comprendo. No parecen pícaros y, sin embargo, tampoco tienen aspecto de gente honrada. A veces se me presentan de modo honorable, y sin embargo, no puedo fiarme de ellos. Lo que me molesta también es que él habla a menudo de cosas que sólo conoce de oídas o por lecturas, y precisamente según el punto de vista en que se lo ha presentado otra persona.

Además, aprecia mi inteligencia y mis talentos más que este corazón que, sin embargo, es mi único orgullo, la única fuente de todo, de toda fuerza, de toda dicha y de toda desdicha. Ah, lo que yo sé, lo puede saber cualquiera: mi corazón lo tengo yo solamente.

25 de mayo

Tenía algo en la cabeza, que no quería decirte hasta que llegara a término: ahora que no se ha hecho nada de ello, es lo mismo. Quería irme a la guerra; se me había metido en el ánimo hace mucho tiempo. Principalmente para eso he seguido aquí al Príncipe, que es general al servicio de***. En un paseo le descubrí mi propósito; él me lo desaconsejó, y hubiera sido en mí más pasión que locura no haber querido dar oídos a sus razones.

11 de junio

Di lo que quieras, pero no puedo quedarme más. ¿Qué hago aquí? El tiempo se me hace muy largo. El Príncipe me retiene todo lo que es posible, y, sin embargo, no me encuentro en mi sitio. En el fondo, no tenemos nada en común. Es hombre inteligente, pero de una inteligencia muy vulgar; su trato ya no me entretiene, como cuando leo un libro bien escrito. Todavía seguiré aquí ocho días, y luego seguiré errando. Lo mejor que he hecho es dibujar. El Príncipe siente el arte, y lo sentiría aún más si no estuviera limitado por su mezquino temperamento científico y por la terminología habitual. Algunas veces rechino los dientes cuando doy vueltas con cálida imaginación por la Naturaleza y el arte y de repente él cree liquidarlo todo entremetiéndose con un término artístico convenido.

16 de junio

Sí, no soy más que un caminante, un peregrino en la tierra. Pero ¿vosotros sois algo más?

18 de junio

¿Adónde iré? Te lo voy a decir en confianza. Todavía me quedaré aquí catorce días, y luego se me ha ocurrido que quería visitar las minas de***, pero en el fondo no hay nada de eso; quiero solamente volver a estar cerca de Carlota, y eso es todo. Y me río de mi propio corazón… y le cumplo sus caprichos.

29 de julio

¡No, está bien! ¡Todo está bien! Yo… ¡su marido! Oh, Dios que me hiciste, si me hubieras deparado esa dicha, mi vida entera hubiera sido una constante oración. No quiero discutir, y perdóname estas lágrimas, perdóname mis vanos deseos… ¡Ella mi mujer! Si hubiera estrechado entre mis brazos a la más hermosa criatura que hay bajo el cielo… Me corre un escalofrío por todo el cuerpo, Guillermo, cuando veo a Alberto estrecharla por su esbelta cintura.

Y ¿puedo decirlo? ¿Por qué no, Guillermo? ¡Ella hubiera sido más feliz conmigo! Oh, él no es el hombre que pueda saciar todos los deseos de ese corazón. Cierta falta de sensibilidad, una falta… tómalo como quieras, que su corazón no late comprensivamente… ¡ah!… en un pasaje de un libro hermoso, donde mi corazón y el de Carlota se encuentran unidos: en cien otras ocasiones en que ocurre que se manifiestan nuestros sentimientos sobre una acción de otra persona. Cierto, él la quiere con toda su alma, y un amor así ¡qué es lo que no merece!

Me interrumpió una persona inaguantable. Mis lágrimas se han secado. Estoy trastornado. ¡Adiós, amigo mío!

4 de agosto

No soy el único a quien le va así. Todas las personas se engañan en sus esperanzas, en sus expectaciones. Visité a aquella buena campesina que vivía bajo los tilos. El niño mayor vino corriendo a mi encuentro y sus gritos cariñosos hicieron salir a la madre, que tenía un aspecto muy decaído. Sus primeras palabras fueron

—Querido señor, ¡ay, mi Juan ha muerto!

Era el niño más pequeño. Me quedé callado.

—Y mi marido —dijo— volvió de Suiza sin traer nada, y sin las buenas gentes hubiera tenido que arreglárselas mendigando: pasó fiebres por el camino.

No pude decir nada: regalé algo al pequeño, y ella me invitó a tomar unas manzanas, lo que hice, abandonando aquel lugar de tristes memorias.

21 de agosto

Como se hace girar una mano, así cambio yo. Algunas veces quiere alborear de nuevo un fulgor más gozoso de la vida, ¡ay!, sólo por un momento... Al perderme así en mis sueños, no puedo rechazar la idea: ¿y si se muriera Alberto? ¡Tú serías...! Sí, ella se convertiría... y entonces sigo devanándome los sesos, hasta que esto me lleva al abismo ante el cual retrocedo tembloroso.

Cuando salgo por la puerta, por el camino por donde llevé por primera vez a Carlota al baile, ¡qué diferente es todo! ¡Todo, todo ha pasado! Ni un reflejo del mundo anterior, ni un latido de mi vida pasada. Para mí todo es como tendría que ser para un espíritu que volviera a ver el castillo arruinado e incendiado que construyó cuando era un príncipe floreciente, y que, adornado con toda esplendidez, había dejado al morir, lleno de esperanzas, a sus hijos queridos.

3 de septiembre

Algunas veces no comprendo cómo ella puede amar a otro, cómo le es posible, cuando solamente yo la quiero a ella de manera tan íntima, tan entera, y no conozco otra cosa, no sé nada, no tengo más que a ella.

4 de septiembre

Sí, así es. Como la naturaleza se inclina hacia el otoño, así se hace otoño en mí y alrededor de mí. Mis hojas amarillean, y ya han caído las hojas de los árboles cercanos. ¿No te he contado nunca de aquel mozo campesino que encontré al llegar aquí? Ahora me han vuelto a informar sobre él en Wahlheim: resultó que se había ido de donde servía, y nadie quería saber nada de él. Ayer me le encontré de repente yendo hacia otra aldea, le dirigí la palabra, y él me contó su historia, que me conmovió muchísimo, como comprenderás cuando te la repita. Pero ¿para qué todo esto? ¿Por qué no me ocupo de mí, de lo que me angustia y turba? ¿Por qué te sigo molestando? ¿Por qué siempre te doy ocasión de que me compadezcas y censures? ¡Sea así; también esto forma parte de mi destino!

Con tranquila tristeza, en que creí notar un temperamento un poco tímido, el hombre empezó contestando a mis preguntas; pero pronto, en cuanto me reconoció, me confesó sus faltas y se me quejó de su desdicha. ¡Si pudiera presentar ante tu juicio cada una de sus palabras! Él confesó, e incluso me lo contó con una especie de complacencia y dicha en la rememoración, que la pasión por su alma se había aumentado en él día tras día, hasta que por fin no supo lo que hacía, ni cómo se expresaba, ni dónde metía la cabeza. No podía ya comer ni beber ni dormir: andaba atragantado; hacía lo que no tenía que hacer, y se olvidaba de lo que le habían mandado; estaba como perseguido por un mal espíritu, hasta que un día, sabiendo que ella estaba en un cuarto de arriba, la había seguido, o más bien la había atraído: como ella no había hecho caso a sus peticiones, él quiso apoderarse de ella por fuerza, y él no sabía cómo había sido: tomaba a Dios por testigo de que sus intenciones respecto a ella siempre habían sido honradas, y de que no había deseado nada con tanta ansia sino casarse con ella para que ella pasara la vida a su lado. Después de hablar mucho tiempo, empezó a tropezar como quien todavía tiene algo que decir y no se atreve a echarlo fuera: por fin me confesó con timidez que ella le había consentido algunas pequeñas confianzas, tolerándole que se le acercara. Se interrumpió dos o tres veces para repetir, con las más vivas protestas, que no decía eso para dejarla en mal lugar, según se expresó, y que la quería y estimaba como antes, y nunca había hablado mal de ella, y sólo me lo decía para convencerme de que no era un hombre torcido ni insensato. Y aquí, amigo mío, vuelvo a mi vieja cantilena, que eternamente tengo que entonar: ¡si te pudiera hacer ver a ese hombre tal como lo tenía delante, y como todavía lo estoy viendo! ¡Si te lo pudiera decir bien, para que sintieras cómo participo y tengo que participar de su suerte! Pero basta: tú conoces también mi destino, y también me conoces a mí, sabes muy bien qué es lo que me atrae hacia todos los desdichados, y especialmente hacia este desdichado.

Al releer la carta me doy cuenta de que he olvidado contarte el final de la historia, aunque se puede comprender fácilmente. Ella le rechazó: apareció el hermano de ella, que ya le odiaba hacía tiempo y deseaba que se marchara de la casa, porque temía que con un nuevo matrimonio de su hermana sus propios hijos se quedarían sin la herencia de que tienen buenas esperanzas ahora, por no tener ella hijos; éste le echó enseguida de la casa y armó tal escándalo con el asunto, que la mujer, aunque le hubiera querido, no le habría podido volver a recibir. Ahora ha tomado otro mozo: también de éste se dice que se ha peleado con el hermano, y se da por seguro que ella se casará con él, pero él está firmemente decidido a no soportarlo.

Lo que te cuento no es exageración, sino más bien está suavizado; incluso podría decir que lo he contado débil, débil, y lo he hecho más tosco, al contarlo con nuestras habituales palabras decentes.

Este amor, esta fidelidad, esta pasión, no son tampoco una invención poética. Viven y tienen su mayor pureza en esa clase de hombres que llamamos incultos y groseros. Nosotros, los bien educados... ¡los educados para nada! Lee esta historia con devoción, te lo ruego; hoy estoy tranquilo al escribirte, ya lo ves por mi letra que no me arremolino y ni atropello como otras veces. Léelo, querido mío, y piensa que es también la historia de tu amigo. Sí, así me ha ocurrido a mí, y así me irá, y no soy ni la mitad de valiente, ni la mitad de decidido que este pobre desgraciado con el que casi no me atrevo a compararme.

5 de septiembre

Ella había escrito una cartita a su marido, que está en el campo, donde le retienen unos asuntos. Empezaba: «Queridísimo mío, ven en cuanto puedas; te espero con mil alegrías...». Un amigo que entró trajo noticias de que por ciertas circunstancias no podría regresar tan pronto. La carta quedó abandonada, y aquella tarde me cayó en las manos. La leí y sonreí: ella me preguntó por qué.

—La imaginación es un don divino —exclamé—: por un momento me he podido imaginar que esto estaba escrito para mí.

Ella cortó, y pareció que le disgustaba: yo me callé.

6 de septiembre

Ha sido difícil, hasta que me he decidido a dejar mi sencillo frac azul con que bailé por primera vez con Carlota; pero últimamente ya estaba impresentable. Entonces me he mandado hacer uno igual que el anterior, con el cuello y las solapas iguales, y también con chaleco y calzones amarillos.[3]

Sin embargo, no me hace efecto en absoluto. No sé... Me parece que con el tiempo también me encariñaré con él.

12 de septiembre

Ella había estado unos días de viaje, para ir a buscar a Alberto. Hoy entró en el cuarto y vino a mi encuentro; yo besé su mano con gran alegría. Un canario voló desde el espejo a sus hombros.

—Un nuevo amigo —dijo, y le atrajo a su mano—; lo reservo para mis pequeños. ¡Es tan bonito! Cuando le doy pan, aletea y picotea muy decidido. Me da besos, ¿ve?

Al ofrecer la boca al animalito, éste oprimía tan cariñosamente los dulces labios como si hubiera podido sentir la dicha que disfrutaba.

—También le besará —dijo, y me alargó el pájaro.

La avecilla hizo el camino desde su boca a la mía, y el contacto de su pico fue como un aliento, un presentimiento de gozo amoroso.

—Su beso —dije— no deja de ser codicioso: busca alimento y se vuelve atrás descontento de estos mimos vacíos.

3. Esta indicación indumentaria —frac azul, calzón corto y chaleco amarillos— dio lugar a la «moda Werther», que durante aquellos años reinó entre los jóvenes elegantes de Alemania y de Francia.

—También me come en la boca —dijo ella.

Le alargó unas miguitas con los labios, en que sonreían los goces de un cariño comprensivo e inocente, con todas las delicias.

Volví la cara. ¡No debía hacer ella esas cosas! ¡No debía excitar mi imaginación con esas estampas de inocencia celestial y felicidad, sacando a mi corazón del sueño en que a veces lo mece la indiferencia de la vida! ¿Y por qué no? ¡Confía tanto en mí! ¡Sabe cómo la quiero!

15 de septiembre

Habría para enloquecer, Guillermo, al ver que hay hombres sin sentido ni sensibilidad para lo poco que todavía tiene valor en la tierra. Conoces los nogales bajo los cuales me senté con Carlota junto al venerable párroco de San...; aquellos hermosos nogales que, Dios lo sabe, siempre me llenaban de la mayor satisfacción de espíritu. ¡Qué íntima hacían la casa del párroco, qué fresca!, ¡y qué espléndidas eran sus ramas! Eran un recuerdo del venerable sacerdote que los plantó hacía tantos años. El maestro de escuela nos ha citado su nombre, que supo por su abuelo; debió de ser un hombre excelente, y su memoria siempre fue sagrada para mí, bajo aquellos árboles. Te digo que al maestro se le saltaban las lágrimas cuando hablamos ayer de que los habían cortado. ¡Cortado! Querría volverme loco, querría matar al perro que dio el primer hachazo. Yo, que me llenaría de tristeza si, teniendo en mi jardín unos pocos árboles, se me muriera uno de ellos de vejez, ahora tengo que tolerar esto. Querido mío, ahí está, sin embargo. La aldea entera gruñe, y espero que la señora del párroco echará de ver, en las ofrendas de manteca y huevos, qué herida ha sido ésta para su aldea. Pues ha sido la mujer del nuevo párroco (el nuestro, el anciano, también ha muerto) una criatura enfermiza y esmirriada, con muchas razones para no tener simpatías por el mundo, ya que en el mundo nadie tiene simpatías por ella. Es una loca que se dedica a hacerse sabia, mezclándose en las investigaciones sobre los Cánones, y mucho más en esta reforma crítico-moral del Cristianismo que ahora está de moda, y que se encoge de hombros ante las «charlatanerías» de Lavater:[4] mujer de salud arruinada que no tiene así ninguna alegría en este mundo de Dios. Sólo a semejante criatura le era posible talar mis nogales. ¡Ya ves que estoy fuera de mí! Imagínate, las hojas que caían le ensuciaban y humedecían el patio, los árboles le quitaban la luz del día, y cuando las nueces estaban maduras, los muchachos les tiraban piedras, lo cual le trastornaba los nervios, molestándola en sus profundas consideraciones, cuando contrastaba mutuamente a Kennikot, Semler y Michaelis. Cuando vi a la gente tan descontenta en la aldea, sobre todo a los ancianos, dije:

—¿Por qué lo habéis consentido?

—Aquí, en el campo, si lo quiere el alcalde —dijeron—, ¿qué se puede hacer?

Pero ha ocurrido una cosa muy buena. El alcalde y el párroco, que también quiere sacar algo de las locuras de

4. Los Cánones, entiéndase: la Biblia, en los libros canónicamente aceptados. Sobre Lavater y la admiración de Goethe hacia él, recuérdese la nota de la p. 42. Benjamin Kennicot (1718-1783), teólogo inglés, era entonces una figura preeminente en las investigaciones sobre el Antiguo Testamento. También era importante el orientalista Johann David Michaelis (1725-1791), profesor de Göttingen, promotor de un estudio histórico-crítico de la Biblia en sentido «liberal». En cuanto a Johann Salomo Semler (1725-1791) quiso atacar el valor de la Biblia a través de sus estudios hebraístas.

su mujer, porque no le sirven para echarlas al puchero, quisieron ir a medias en esto: lo supo el Concejo y dilo: ¡Alto ahí! Pues también el Concejo tenía pretensiones sobre esa parte del terreno del párroco donde estaban los árboles, y se vendieron al mejor postor. Y así cayeron. ¡Ah, si yo fuera príncipe! Querría que la señora del párroco, el alcalde y el Concejo… ¡príncipe!, sí, si fuera príncipe, ¡qué me importarían los árboles de mi tierra!

10 de octubre

En cuanto veo sus ojos negros, ya estoy bien. Mira, y lo que más me inquieta es que Alberto no parece tan dichoso como él… esperaba; como yo creería ser… si… No me gusta dar trazos imaginativos, pero aquí no me puedo expresar de otro modo… y me parece que ya soy bastante claro.

12 de octubre

Ossián ha desplazado en mi corazón a Homero. ¡Qué mundo presenta este espléndido genio! ¡Caminar por las estepas, rodeado del zumbar del viento tempestuoso, que arrastra en nieblas húmedas los espíritus de los padres bajo la luz incierta de la luna! ¡Oír desde la montaña, en el estrépito del torrente del bosque, los lamentos medio disipados de los espíritus saliendo de sus cuevas, y las quejas de la muchacha que se angustia muriendo, sobre la lápida cubierta por el musgo y la hierba, de su amado, que cayó noblemente! ¡Y luego encuentro al canoso bardo errante, que busca las huellas de sus antepasados por la ancha llanura, y ¡ay!, encuentra sus lápidas, y mira entonces con aflicción a la amada estrella de la tarde que se esconde en el mar agitado, y los tiempos de la antigüedad cobran vida en el alma del héroe, cuando todavía el fulgor amigo iluminaba los peligros de los valientes y la luna alumbraba su nave coronada que volvía victoriosa! Leo en su frente la profunda aflicción, y veo al último héroe abandonado vacilar hacia la tumba con desfallecimiento, y cómo se empapa de gozos siempre nuevos y ardientemente dolorosos en la presencia impotente de las sombras de sus difuntos, y mira la fría tierra, la alta hierba agitada por el viento, y exclama: Vendrá, vendrá el caminante que me conoció en mi belleza, y preguntará: ¿Dónde está el cantor, el noble hijo de Fingal? Su paso cruza sobre mi tumba, y pregunta en vano por mí, por toda la tierra. ¡Oh, amigo!, querría sacar la espada, como un noble guerrero, liberar de una vez a mi príncipe del tormento cruel de la vida que se extingue lentamente, y enviar mi alma tras el semidiós liberado.

19 de octubre

¡Ay, este vacío! ¡Este horrible vacío que siento aquí en mi pecho! Muchas veces pienso que si por una vez, por una sola vez pudieras entrar en este corazón, todo este vacío se llenaría.

26 de octubre

Sí, me parece seguro, amigo mío, cada vez más cierto y seguro, que la existencia de una criatura importa poco, muy poco. Vino a ver una amiga a Carlota, y yo salí al cuarto de al lado a buscar un libro, y no podía leer, y luego tomé una pluma, y no podía escribir. La oía hablar en voz baja: charlaban contándose cosas insignificantes, novedades de la ciudad: cómo una se casa, y la otra está enferma, muy enferma...

—Tiene una tos seca, los huesos le resaltan en la cara, y se desmaya: no doy nada por su vida —dijo la una.

—Fulana también está muy mala —dijo Carlota.

—Se ha hinchado —dijo la otra.

Y mi viva imaginación me trasladó junto al lecho de esas pobres: las vi, con qué repugnancia volvían la espalda a la vida, y cómo... ¡Guillermo!, y estas mujercitas hablaban de eso como suele hablarse de que muere un desconocido. Y al mirar en torno, veo el cuarto, y en torno a mí, las ropas de Carlota, los escritos de Alberto, y estos muebles con que ahora tengo tanta amistad, incluso con este tintero, y pienso: Mira lo que eres ahora para esta casa: Todo en todo. Tus amigos te honran. Muchas veces les das alegría, y a tu corazón le parece como si no pudieran estar sin ti, y, sin embargo... ¿si te fueras ahora, si te separases de este círculo? ¡Ah, el hombre es tan transitorio que aun donde tiene auténtica conciencia de su vida, donde hace la única impresión auténticamente verdadera de su presencia, en el alma de las personas que le quieren, allí debe también desaparecer, extinguirse; y muy pronto!

27 de octubre

Muchas veces querría desgarrarme el pecho y hacerme saltar el cerebro, porque podamos ser tan poco unos para otros. Ay, el amor, el gozo, el calor y la delicia que yo no procuro, no me lo dará la otra persona, y con todo un corazón lleno de ventura no daré felicidad a otra persona si está ante mí fría y sin vigor.

27 de octubre, por la tarde

Tengo mucho, y mi sentimiento por ella lo absorbe todo; tengo mucho, y sin ella todo se me vuelve nada.

30 de octubre

¡Cuántas veces he estado ya a punto de echármele al cuello! Ya sabe el buen Dios qué impresión hace ver cruzar ante uno algo tan amable y no poderlo aferrar; y el abrazar, sin embargo, es el impulso más natural de la Humanidad. ¿No agarran los niños todo lo que se les presenta? ¿Y yo?

3 de noviembre

¡Bien lo sabe Dios!, muchas veces me acuesto con el deseo, y aun a menudo con la esperanza, de no volver a despertar: y por la mañana abro los ojos, vuelvo a ver el sol y siento mi desdicha. ¡Oh, ojalá pudiera estar de humor tan caprichoso como para echar la culpa al tiempo, a otra persona, al fracaso de una iniciativa, y la carga insufrible de mi enojo no me pesaría sino a medias! ¡Ay de mí! Siento de sobra que la culpa es solamente mía; ¡no es culpa! Ya es bastante que en mí esté escondida la fuente de toda desdicha como antaño la fuente de toda ventura. ¿No soy precisamente el mismo que antes daba vueltas en toda la riqueza de sus sensaciones, a quien seguía un paraíso a cada paso, y que tenía un corazón capaz de abrazar amorosamente un mundo entero? Y este corazón ahora está muerto, y de él no brotan ya entusiasmos; mis ojos están secos, y mis sentidos, que ya no son aliviados por lágrimas vivificadoras, hacen nublarse angustiosamente mi frente. Sufro mucho; pues he perdido lo que era la única delicia de mi vida, la sagrada fuerza vitalizadora con que creaba mundos en torno de mí; ¡ya pasó!... Cuando miro por mi ventana hacia las colinas remotas, viendo cómo el sol de la mañana se abre paso sobre ellas a través de la niebla, iluminando el prado tranquilo, mientras el suave río serpentea hacia mí entre los sauces ya deshojados... ¡oh!, cuando esa Naturaleza espléndida se me presenta tan yerta como un cuadrito barnizado, todas sus delicias no pueden elevar desde mi corazón a mi cerebro ni una gota de ventura, y estoy todo entero ante la vista de Dios como un poco desecado, como un cubo vacío. Muchas veces me he echado por el suelo, rogando a Dios que me diera lágrimas, como el labrador que pide lluvia cuando el cielo se vuelve de bronce sobre él y la tierra se reseca a su alrededor. Pero, ¡ay!, comprendo que Dios no da la lluvia y el sol a nuestros ruegos desordenados; y aquellas épocas cuya memoria me atormenta, ¿por qué fueron tan dichosas, sino porque yo esperaba con paciencia su espíritu, y recibía con todo mi corazón, entrañablemente agradecido, las delicias que vertía sobre mí?

8 de noviembre

Ella me ha reprochado mis excesos. ¡Ay, con tanta amabilidad! Mis excesos, porque a veces de un vaso de vino me dejo llevar a beber una botella.

—No lo haga —dijo—, piense en Carlota.

—¡Pensar! —dije—. ¿Me lo tiene que decir? ¡Ya pienso!... o mejor dicho, no pienso; usted está siempre ante mi alma. Hoy me senté en el sitio donde usted se había sentado poco antes en el coche...

Ella cambió de conversación, para no dejarme continuar con el tema. ¡Amigo mío!, ¡adónde he llegado! Ella puede hacer de mí lo que quiere.

15 de noviembre

Te agradezco, Guillermo, tu cordial comprensión y tu consejo bienintencionado, y te ruego que estés tranquilo. Déjame desahogarme; aun con toda mi fatiga todavía tengo bastante fuerza para salir adelante. Venero la religión, como tú sabes, y comprendo que es báculo para muchos desfallecidos, y reanimación para muchos consumidos. Pero... entonces, ¿puede y debe ser eso mismo para todos? Si miras al ancho mundo, verás muchos para quienes no lo fue, muchos para quienes no lo será, con predicaciones o sin ellas, ¿y tiene que serlo, entonces, para mí? ¿No dijo el propio Hijo de Dios que sólo estarían en torno de Él los que le había dado el Padre?[5] ¿Y si yo no le estoy dado? ¿Y si el Padre quiere dejarme a un lado, como me dice mi cora-

5. Deformación muy personal de Juan 6, 44 y 6, 65. Más adelante, «Y si el cáliz...» también contiene una alusión a Mateo, 29, 39; «Dios mío, Dios mío...» a Mateo, 27, 46; y «Aquel que enrolla los cielos como una tela» a Salmo 104, 2. Acá y allá se reconocerán fácilmente otras alusiones a frases bíblicas. Probablemente, en la atmósfera de la época no resultaba tan disonante como creeríamos este uso de citas bíblicas, y en general, esta tonalidad de invocación religiosa en algo que no es sino introducción a un suicidio.

zón?... Te ruego que no entiendas mal esto, que no veas una broma en estas palabras inocentes: es mi alma entera lo que te presento: de otro modo, preferiría haber callado: pues no querría perder una palabra sobre eso de lo cual todos saben tan escasamente como yo. No es sino destino del hombre soportar su suerte y apurar su cáliz. Y si el cáliz fue tan amargo para el Dios del Cielo en sus labios de hombre, ¿por qué no debo tener pretensiones de grandeza y fingir que me sabe dulce? ¿Y por qué habría de avergonzarme en el terrible momento en que mi persona entera vacila entre el ser y la nada, cuando el asado fulgura como un relámpago sobre el oscuro abismo del porvenir, y todo se hunde a mi alrededor, y el mundo sucumbe conmigo? ¿No es ésta la voz de un ser viviente, oprimido totalmente en sí, sintiéndose fallar y caer inconteniblemente, clamando en las íntimas profundidades de sus fuerzas que se remueven en vano: Dios mío, Dios mío, por qué me has abandonado?, ¿y habría de avergonzarme yo de esa expresión, había de tener miedo ante el instante, si no lo evitó Aquel que enrolla los cielos como una tela?

21 de noviembre

Ella no ve, no siente que me prepara un veneno que nos aniquilará a mí y a ella; y yo apuro con toda voluptuosidad este cáliz que me alarga para mi perdición. ¿A qué viene esa mirada benévola, con que a menudo —¿a menudo?, no, no a menudo, pero sí alguna vez— me contempla; el agrado con que recibe una involuntaria manifestación de mi sentir, la comprensión de mi sufrimiento que se dibuja en su rostro?

Ayer, cuando me marchaba, me tendió la mano y dijo:

—Adiós, querido Werther.

¡Querido Werther! Era la primera vez que me llamaba «querido», y me atravesó la médula y los huesos. Me lo he repetido cien veces anoche, cuando iba a acostarme y charlaba a solas conmigo, me dije de repente: ¡Buenas noches, querido Werther! Y luego me eché a reír de mí mismo.

22 de noviembre

No puedo rezar: ¡Déjamela!, y, sin embargo, muchas veces me la imagino como mía. No puedo rezar: ¡Concédemela!, pues es de otro. Desvarío con mis dolores, dando vueltas de un lado a otro: si me dejase ir, habría toda una letanía de contradicciones.

24 de noviembre

Ella siente lo que padezco. Hoy su mirada me atravesó profundamente el corazón. La encontré sola: no dije nada y ella me miró. Y yo ya no vi en ella la amable belleza, ya no vi el fulgor de su noble espíritu: todo eso había desaparecido ante mis ojos. Una mirada mucho más espléndida actuaba sobre mí, llena de la expresión de su entrañable simpatía, de la más dulce compasión. ¿Por qué no me pude echar a sus pies? ¿Por qué no pude responder con mil besos, abrazado a su cuello? Ella se refugió en el piano, y con voz suave y dulce exhaló melodiosos sonidos con su acompañamiento. Nunca he visto unos labios tan encantadores; era como si se abrieran sedientos, para beber esas dulces notas que brotaban del instrumento, y sólo resonara en ellos su misterioso eco, volviendo a salir por la pura boca... ¡Sí, si te lo pudiese decir!... Yo no resistí más, me incliné y juré: Nunca me atreveré a estampar en vosotros un beso, oh labios en que se ciernen los espíritus celestes... Y sin embargo... quiero... ¡Ah!, ves que esto se interpone ahora como un muro ante mi alma... esta dicha... y luego sucumbir para expiar este pecado... ¿pecado?

26 de noviembre

A veces me digo: Tu destino es único: celebras como felices a los demás... nadie ha sufrido nunca ese tormento. Luego leo a un poeta de la Antigüedad, y es como si mirara mi propio corazón. ¡He tenido tanto que soportar! ¡Ay!, ¿los hombres de antes de mí ya fueron tan desdichados?

30 de noviembre

¡No, no he de volver nunca en mí! Dondequiera que entro se me presenta una visión que me saca de quicio. ¡Hoy! ¡Oh destino, oh Humanidad!

Fui al río a la hora de mediodía: no tenía gana de comer. Todo estaba solitario; bajaba de los montes un viento húmedo y frío, y las grises nubes de lluvia se amontonaban sobre el valle. Desde lejos vi a un hombre buscar hierbas. Cuando me acerqué más a él y se volvió al oír el ruido que yo hacía, vi una fisonomía muy interesante, cuyo rasgo dominante era una tranquila tristeza, pero que por lo demás no expresaba otra cosa que la sensatez: su pelo, negro, estaba sujeto en dos bucles con agujas, reuniéndose el resto en una gruesa trenza que le colgaba por la espalda. Como su indumentaria me pareció que indicaba persona de poca posición, creí que no tomaría a mal que me fijara en su ocupación, y por eso le pregunté qué buscaba.

—Busco flores —respondió con un profundo suspiro.

—Ahora no es la estación buena —respondí, sonriendo.

—Hay muchas flores —dijo, bajando junto a mí—. En mi jardín hay rosas y madreselvas de dos clases; una me la dio mi padre. Crecen como malas hierbas: las busco hace ya dos días y no las puedo encontrar. Por ahí siempre hay también flores amarillas, azules y rojas, y la centaurea tiene unas florecitas muy hermosas. No puedo encontrar ninguna de ellas.

Noté algo inquietante, y por eso procuré dar un rodeo preguntando:

—¿Pues qué quiere hacer con las flores?

Una extraña sonrisa de éxtasis cruzó su rostro.

—Si no me traiciona —dijo, poniendo el dedo en los labios—, he prometido un ramillete a mi amada.

—Está muy bien —dije.

—Oh —dijo él—, ella tiene otras muchas cosas; es muy rica.

—Y sin embargo, le gustará un ramillete —respondí.

— ¡Oh! —siguió él—, tiene joyas y una corona.

—¿Cómo se llama ella, pues?

—Si me quisieran pagar mis Estados —respondió— yo sería otro hombre. Sí, hubo un tiempo en que estuve muy bien. Ahora estoy fuera de mí. Ahora estoy… —Una húmeda mirada al cielo lo expresó todo.

—Entonces, ¿era feliz? —pregunté.

—¡Ay!, me gustaría volver a estar así —dijo—. Entonces estaba tan bien, tan alegre, tan ligero como un pez en el agua.

—¡Enrique! —gritó una vieja que venía por el camino—. Enrique, ¿dónde te has metido? Te hemos buscado por todas partes: ¡ven a comer!

—¿Es su hijo? —pregunté, acercándome a ella.

—Sí, es mi pobre hijo —respondió—. Dios me ha dado una cruz muy pesada.

—¿Cuánto tiempo lleva así? —pregunté.

—Tan tranquilo como ahora —dijo— sólo medio año. Gracias a Dios que ahora ha mejorado, porque antes estuvo un año entero furioso y le ataron con cadenas en el manicomio. Ahora no hace nada a nadie, sino que siempre está hablando de reyes y emperadores. Era un hombre excelente y tranquilo, que me ayudaba a sustentarme porque escribía con muy buena letra, y de repente se puso melancólico, cayó en una fiebre ardiente, y luego se volvió loco; ahora está como ve usted. Si le contara, señor…

Interrumpí el torrente de sus palabras con la pregunta:

—¿Qué fue ese tiempo que tanto alaba, en que estaba tan feliz y tan bien?

—¡Pobre loco! —exclamó, con sonrisa compasiva—, se refiere al tiempo en que estuvo en el manicomio, donde no sabía nada de sí.

Esto me anonadó como un rayo: puse en su mano una moneda y la dejé apresurado.

¡Cuando eras feliz!, exclamé, yendo deprisa hacia la ciudad, ¡cuando estabas como un pez en el agua! ¡Dios del cielo!, ¿has puesto como destino a los hombres que no sean felices sino antes de tener uso de razón o cuando la pierden? ¡Desgraciado! Y también ¡cómo envidio tu extravío, la confusión de tus sentidos, en que sucumbes! Sales lleno de esperanza a buscar flores para tu reina… en invierno… y te entristeces porque no las encuentras, y no comprendes por qué no hay ninguna. Y yo… yo voy sin esperanza, salgo sin objetivo, y vuelvo a casa como salí. Tú te jactas de qué hombre serías si te pagaran tus Estados. ¡Feliz criatura!, que puedes atribuir tu falta de felicidad a un obstáculo terrenal. ¡Tú no sientes! No sientes que tu desdicha reside en tu corazón destrozado, en tu cerebro trastornado, y ahí no te pueden ayudar todos los reyes de la tierra.

Perezca el hombre sin compasión que se burla de un enfermo que viaja a las más lejanas fuentes, que acrecentarán su enfermedad y harán más dolorosa su vida; el que se eleva sobre su corazón oprimido, y, para librarse de su conciencia devoradora y acabar con los padecimientos de su alma, emprende una peregrinación hacia la Tierra Santa. Cada paso que avanzan sus pies por el camino sin abrir es una gota de alivio para su alma angustiada, y con cada día que tarda en el viaje, su corazón se somete con más facilidad a muchas opresiones… y ¿hay que llamar a esto locura: vosotros, los tratantes de palabras en vuestras butacas? ¡Locura! ¡Oh, Dios, tú ves mis lágrimas! Tú, que hiciste al hombre tan pobre, ¿habías de darle también hermanos que le arrebataran su poco de pobreza, el poco de confianza que tiene en Ti, que eres todo amor? Pues la confianza en una raíz curativa, en las lágrimas de la vida, ¿qué es sino confianza en ti, de que en todo lo que nos rodea has puesto fuerza curativa y aliviadora, que necesitamos a todas horas? ¡Padre a quien no conozco! ¡Padre que antaño llenabas toda mi alma, y ahora has apartado de mí tu rostro!, ¡llámame a Ti!, ¡no calles más! Esta alma sedienta no soporta tu silencio… El mundo es lo mismo por todas partes: recompensa y gozo por el esfuerzo y el trabajo: pero ¿a mí qué? Sólo estoy bien donde estás Tú, y quiero sufrir y disfrutar ante tu rostro. Y Tú, amado Padre celestial, ¿no me has de escuchar?

1 de diciembre

¡Guillermo!, el hombre de quien te conté, el feliz desgraciado, era escribiente en casa del padre de Carlota, y después de ocultar la pasión que sentía por ella, acabó descubriéndosela y fue echado de su servicio, con lo que se volvió loco. Con estas secas palabras, comprenderás qué trastorno me ha producido esta historia, que Alberto me contó con la misma tranquilidad con que tú la has leído quizá.

4 de diciembre

¡Te lo ruego… mira, se acabó conmigo; no lo soporto más! Hoy me senté a su lado… me senté mientras ella tocaba en el piano diversas melodías, y toda esa expresión, ¡toda!… ¡toda!… ¿Qué quieres? Su hermanita me puso en las rodillas su muñeca. Me saltaron las lágrimas a los ojos. Me incliné, y quedó a mi vista su anillo matrimonial… mis lágrimas fluyeron… Y de repente volvió a la antigua melodía, de dulzura celestial; tan de repente, que sentí a través de mi alma una sensación de consuelo y un recuerdo de lo pasado, de los tiempos de aquella canción, del sombrío tiempo intermedio con aflicción y con esperanzas fallidas, y luego… Di vueltas por la habitación: mi corazón se ahogaba oprimido.

—Por Dios —dije, acercándome a ella con vehemente estallido—, ¡por Dios, déjelo!

Ella se detuvo y me miró fijamente.

—Werther —me dijo, con una sonrisa que me atravesó el alma—, Werther, está usted muy enfermo. Sus predilecciones le repugnan. ¡Váyase! Le ruego que se tranquilice.

Yo me desprendí de ella, y, ¡Dios mío!, tú ya ves mi desdicha, y la concluirás.

6 de diciembre

¡Cómo me persigue esa figura! Despierto y en sueños, llena mi alma entera. Aquí, si cierro los ojos, aquí en mi frente, donde se reúne el poder interior de la mirada, están sus ojos negros. ¡Aquí! No puedo expresártelo de otro modo. Si cierro mis ojos, están ahí: como un mar, como un abismo descansan ante mí, llenando mis sentidos en mi frente. ¡Qué es el hombre, este semidiós tan alabado! ¿No le fallan precisamente las fuerzas cuando le hacen más falta? Y cuando salta de gozo o se hunde de dolor, ¿no se ve detenido en ambas cosas y devuelto a su conciencia muda y fría, precisamente cuando anhelaba perderse en la abundancia de lo infinito?

[III]

EL EDITOR AL LECTOR

Mucho desearía que nos hubieran quedado tantos testimonios de primera mano sobre los notables últimos días de nuestro amigo como para que no me fuera necesario interrumpir con la narración la serie de las cartas que dejó.

Me he empeñado en reunir noticias exactas de boca de aquellos que podrían estar bien informados sobre su historia: ésta es sencilla y todos los relatos coinciden entre sí; hasta en unos pocos detalles: sólo son diversas las opiniones y divididos los juicios en cuanto al modo de ser de las personas que intervienen.

No nos queda sino narrar concienzudamente aquello que pudimos saber con repetidos esfuerzos, insertando las cartas que nos quedaron, sin descuidar el más pequeño papel encontrado: sobre todo, porque es muy difícil descubrir los más auténticos hilos que han movido incluso una sola acción, cuando tiene lugar entre personas que no son de índole común.

El desconsuelo y el hastío fueron echando raíces cada vez más profundas en el alma de Werther, entrelazándose firmemente hasta invadir poco a poco todo su ánimo. La armonía de su espíritu quedó completamente destruida; un calor interior y una vehemencia que agitaba y traspasaba todas las potencias de su naturaleza, dio lugar a los más encontrados efectos, y por fin sólo le dejó un desfallecimiento, contra el cual se irguió para luchar aún más angustiosamente que como había luchado hasta entonces con sus restantes males. La congoja de su corazón consumió las demás fuerzas de su espíritu, su viveza, su grandeza, y se volvió melancólico en su compañía, cada vez más infeliz y cada vez más injusto cuanto más desdichado se sentía. Al menos, eso dicen los amigos de Alberto: afirman que Werther no había podido estimar debidamente a un hombre tranquilo que había llegado a participar de una dicha largamente deseada, y que se esforzaba por conservarla también en el porvenir, mientras que el propio Werther, por decirlo así, consumía en cada día todo su haber, para sufrir y tener hambre al caer la tarde. Alberto, dicen, no cambió nada en tan breve tiempo: siguió siendo siempre el mismo al que Werther conoció desde el principio, y al que tanto estimó y honró. Él quería a Carlota por encima de todo, estaba orgulloso de ella, y le gustaba que todos la reconocieran como la más espléndida criatura. ¿Había que reprocharle que quisiera también evitar toda apariencia de sospecha, y que en ese momento no tuviera deseo de compartir con nadie esa preciosa posesión, ni aun del modo más inocente? Reconocen que Alberto muchas veces dejaba la habitación cuando estaba Werther con su mujer, pero no por odio ni aversión contra su amigo, sino sólo porque había notado que éste se sentía incómodo con su presencia.

El padre de Carlota había caído enfermo, lo cual le retenía en su cuarto y le mandó el coche, en el que se marchó ella. Era un hermoso día de invierno: había caído mucha nieve y cubría todo el paisaje.

A la mañana siguiente, Werther fue a buscarla para acompañarla en su regreso si Alberto no iba a traerla.

El tiempo despejado pudo tener poco efecto sobre su ánimo turbio: una sorda opresión pesaba sobre su alma. Las imágenes tristes se habían asentado en él, y su ánimo no tenía otro movimiento sino pasar de un pensamiento doloroso a otro.

Como él vivía eternamente descontento, también la situación de los demás le parecía grave y confusa: creía haber alterado la hermosa relación entre Alberto y su esposa, por lo cual se hacía reproches en los que se mezclaba una secreta antipatía hacia Alberto.

Sus pensamientos también cayeron de camino en ese tema. Sí, sí, se dijo a sí mismo, rechinando los dientes en secreto: ¡éste es el trato de confianza, amistoso, tierno, comprensivo en todo; la fidelidad tranquila y duradera! ¡Es saciedad e indiferencia! ¿No le atrae más cualquier asunto mísero que su preciosa y cara mujer? ¿Sabe estimar su dicha? ¿Sabe respetarla como ella merece? La tiene, bien, la tiene… Lo sé, como también sé otras cosas: creo haberme acostumbrado a la idea, y todavía me enloquecerá, me destrozará… ¿Y ha aguantado la amistad por mí? En mi afecto a Carlota ¿no ve un ataque contra sus derechos; no ve un silencioso reproche en mi atención hacia ella? Lo sé muy bien, lo noto, me mira con mala voluntad, desea que me vaya; mi presencia le es incómoda.

De vez en cuando andaba a pasos rápidos, de vez en cuando se quedaba quieto y parecía querer volver atrás; pero continuaba su marcha adelante, y por fin, contra su voluntad, con todos esos pensamientos y conversaciones interiores, llegó al pabellón de caza.

Llamó a la puerta, preguntó por el anciano y por Carlota, y encontró la casa en cierta agitación. El niño mayor le dijo que en Wahlheim había ocurrido una desgracia: habían matado a un campesino. Esto no le hizo ninguna impresión. Entró en el cuarto y encontró a Carlota ocupada en amonestar al anciano, que, a pesar de su enfermedad, quería ir a investigar lo ocurrido sobre el terreno. No se sabía aún quién lo había cometido: al muerto le habían encontrado por la mañana ante la puerta de la casa, y se tenían sospechas: el asesino era criado de una viuda que antes había tenido a otro a su servicio, al cual había echado de la casa con descontento.

Cuando Werther oyó esto, se marchó rápidamente.

—¿Es posible? —exclamó—: tengo que ir allá: no puedo estar en paz un momento.

Se apresuró a ir a Wahlheim; sus recuerdos se avivaron, y no dudó un momento que el hombre que había cometido aquella acción era aquel con quien tantas veces había hablado, y a quien tanto había llegado a querer.

Cuando tuvo que atravesar los tilos para llegar a la taberna donde habían dejado el cuerpo, sintió espanto ante aquel lugar antes tan amado. Aquel umbral donde tantas veces habían jugado los niños de la vecindad ahora estaba manchado de sangre. El amor y la fidelidad, los más hermosos sentimientos humanos, se habían transformado en violencia y muerte. Los fuertes árboles estaban sin follajes y escarchados; los setos hermosos que formaban una bóveda sobre los bajos muros del cementerio estaban sin hojas, y las lápidas de las tumbas asomaban por los huecos, cubiertas de nieve.

Al acercarse a la taberna ante la cual estaba reunida la aldea entera, surgió de repente un griterío. Se vio a lo lejos un grupo de hombres armados, y todos gritaron que traían al asesino. Werther le vio y no dudó mucho más. ¡Sí!, era el mozo, el que amaba tanto a aquella viuda, y al que había encontrado hacía algún tiempo con su rabia silenciosa, dando vueltas con su secreta desesperación.

—¡Qué has hecho, desgraciado! —exclamó Werther, encarándose con el preso.

Éste le miró tranquilamente, calló y por fin respondió con sosiego:

—Ninguno la tendrá, ninguno la tendrá.

Metieron al prisionero en la taberna y Werther siguió apresuradamente.

Con la terrible y violenta agitación, todo lo que había en él estaba trastornado. En un momento quedó arrancado de su tristeza, de su desánimo, de su entrega indiferente; de modo insuperable, se apoderó de él la simpatía por el asesino, y le invadió un afán inexpresable de salvar a ese hombre. Le sentía tan desgraciado; le encontraba tan inocente, aun como criminal, y se ponía tan profundamente en su situación, que creía también convencer de ello a los demás. Ya deseaba poder hablar a favor de él, ya se agolpaba en sus labios el más vivo alegato; se apresuró hacia el pabellón de caza, y por el camino no pudo menos de ir diciendo a media voz todo lo que quería exponer al administrador.

Cuando entró en la habitación, encontró presente a Alberto, y esto le desconcertó un momento; pero pronto se recobró y expresó fogosamente al administrador su punto de vista. Éste sacudió varias veces la cabeza y aunque Werther expuso con la mayor viveza, pasión y sinceridad, todo lo que un hombre puede decir en disculpa de otro hombre, no por eso se dejó conmover fácilmente el administrador, como es fácil comprender. Por el contrario, no dejó terminar a nuestro amigo, le replicó vivamente y lamentó que hubiera tomado bajo su protección a un asesino. Le indicó que de ese modo toda ley quedaba abolida, y toda seguridad del Estado quedaba aniquilada; además, añadió que en un asunto semejante él no podría hacer nada sin cargarse de la mayor responsabilidad; todo debía ir en orden, siguiendo el curso prescrito.

Werther no se rindió todavía, sino que rogó solamente que el administrador hiciera la vista gorda si se pudiera ayudar a escapar a aquel hombre. También esto lo rehusó el administrador. Alberto, que intervino por fin en el diálogo, tomó también el lado del anciano: Werther quedó dominado por el número, y con un terrible sufrimiento se puso en camino, después que el administrador le dijo varias veces:

—¡No, no se le puede salvar!

Cuánto le hirieron estas palabras, lo vemos por un apunte que se encontró entre sus papeles, y que seguramente fue escrito aquel mismo día «¡No te has de salvar, desgraciado! Veo muy bien que no nos hemos de salvar».

Lo que dijo por fin Alberto sobre el asunto del prisionero, en presencia del administrador, le molestó a Werther en extremo: creyó notar alguna suspicacia contra él, y aun cuando, pensándolo varias veces, no podía escapar a su agudeza que los dos hombres podrían tener razón, sin embargo sintió como si hubiera de renunciar a lo más íntimo de sí mismo, si hubiera de confesarlo y reconocerlo.

Un apunte que se refiere a esto, y que quizá expresa toda su situación respecto a Alberto, lo hemos encontrado entre sus papeles: «De qué sirve que me diga y repita que es excelente y bueno: me desgarra lo más íntimo de las entrañas: no puedo ser justo».

Como hacía una tarde suave y el tiempo empezaba a inclinarse al deshielo, Carlota se marchó a pie con Alberto. Por el camino, algunas veces miraba alrededor, como si echase de menos la compañía de Werther. Alberto empezó a hablar de él, y le censuró, por haberse opuesto a la justicia.

Aludió a su desgraciada pasión y deseó que fuera posible alejarle.

—Lo deseo también por nosotros —dijo—, y te ruego que procures que su actitud respecto a ti tome otra dirección, disminuyendo sus frecuentes visitas. La gente se fija, y sé que se ha hablado de ello por ahí.

Carlota calló, y Alberto pareció haber comprendido su silencio; al menos, desde aquel momento no volvió a mencionar a Werther delante de ella, y si ella le mencionaba, él cortaba la conversación o la dirigía en otro sentido.

El vano intento que había hecho Werther por salvar a aquel infeliz fue el último destello de una luz que se extinguía; después se sumergió más profundamente en el dolor y la inactividad; especialmente, se puso casi fuera de sí cuando supo que quizá le requerirían como testigo precisamente contra aquel hombre, que ahora se empeñaba en dejarlo todo.

Todo lo que le había sido desagradable a lo largo de su vida activa, como el disgusto de la Embajada, todo lo que le había salido mal alguna vez, todo lo que le había molestado, ahora subía y bajaba en su alma. Con todo eso se encontraba como justificado para la inactividad; se veía como cortado de toda perspectiva, incapaz de agarrar ningún asidero con que se pudieran afrontar los asuntos de la vida corriente, y si, por fin, entregado por completo a su extraordinaria sensibilidad, a su modo de pensar y a un sufrimiento inacabable, se abandonó a la eterna monotonía de un trato lastimoso con la criatura amable y amada, cuya calma trastornó, agitándose con todas sus fuerzas, y cansándola sin finalidad ni perspectiva, cada vez más próximo a un triste fin.

De su confusión, de su pasión, de su incansable agitarse y esforzarse, de su fatiga de la vida, han quedado unas cartas como los más poderosos testimonios que podemos citar aquí.

«12 de diciembre

»Querido Guillermo, estoy en una situación que han debido pasar esos desgraciados de quienes se creía que estaban agitados por un espíritu malo. A veces me invade ese espíritu: no es miedo, no es deseo... es una desconocida cólera interior que amenaza desgarrar mi pecho, y que me oprime la garganta: ¡Ay de mí, ay de mí! Y luego doy vueltas en el temible escenario nocturno de esta estación del año, tan hostil al hombre. Anoche tuve que salir. De repente, había empezado un tiempo de deshielo: oí decir que el río se había salido, que todos los arroyos iban crecidos, inundando mi querido valle desde Wahlheim para abajo. Por la noche, después de las once, me precipité fuera. Una escena terrible, ver caer desde las rocas abajo las ondas enfurecidas a la luz de la luna, sobre los campos y praderas y setos y todo, dejando el ancho valle, arriba y abajo, como un solo mar bajo el zumbar del viento. Y cuando luego la luna volvió a salir y descansó sobre las nubes negras, ante mí corría el río con reflejo espléndido y temible, resonando: ¡entonces me invadió un escalofrío y, de nuevo, un anhelo! ¡Ay, con los brazos abiertos me detuve ante el abismo, y respiré, sintiendo lo hondo, y me perdí en la delicia de precipitar allá mis tormentos, mis dolores, de perderme mugiendo como las olas! ¡Ah, pero no pude levantar los pies del suelo, para terminar todos los tormentos! ¡Mi hora no ha sonado todavía, me doy cuenta! ¡Oh Guillermo, con qué gusto habría entregado mi humanidad para desgarrar las nubes con ese viento tempestuoso, y abrazar las olas! ¡Ay!, ¿y este encarcelado no participará nunca de esa delicia?

»Y ¡cómo miré ansiosamente aquel sitio donde me senté con Carlota bajo un sauce, en un cálido paseo de verano!: también estaba inundado, y apenas reconocí el sauce, Guillermo. ¡Y sus prados, pensé, y el lugar en torno a su pabellón de caza! ¡Cómo destroza ahora nuestra viña el torrente arrebatador!, pensé. Y el rayo de sol del pasado penetró con un guiño, igual que a un prisionero se le aparece un sueño de pastores, praderas y señoríos. ¡Allí me quedé! No me lo censuro, pues tengo valor para morir. Hubiera... Ahora estoy aquí sentado como una anciana que va arrancando su leña de las empalizadas, y va pidiendo su pan por las puertas, para alargar y aliviar un momento más su vida agonizante sin alegría.»

«14 de diciembre

»¿Qué es esto, amigo mío? ¡Me asusto de mí mismo! Mi amor por ella, ¿no es el amor más santo, más puro, más fraternal? ¿He tenido jamás en mi culpa un deseo culpable? No lo aseguraré... Y ahora ¡oh sueños! ¡Qué bien pensaban los hombres que atribuían a poderes extraños tan contradictorios efectos! ¡Esta noche! Tiemblo al decirlo: la tenía en mis brazos, oprimida fuertemente contra mi pecho, y cubría con besos interminables los susurros amorosos de su boca: mis ojos se sumergían en la ebriedad de los suyos. ¡Dios mío! ¿Soy culpable al sentir todavía una dicha cuando evoco esos gozos encendidos con toda emoción? ¡Carlota, Carlota! Se acabó conmigo: mis sentidos están confundidos; hace ya ocho días que ya no tengo dominio en mi ánimo; mis ojos están llenos de lágrimas.

Nunca estoy bien y en todas partes estoy bien. No deseo nada, no exijo nada. Sería mejor que me fuera.»

La decisión de dejar este mundo había tomado cada vez más fuerza en el alma de Werther, por ese tiempo y en tales circunstancias. Desde que regresó junto a Carlota, ésa había sido siempre su intención y esperanza últimas; pero se había dicho que no debía apresurarse, que no debía ser una acción precipitada: con la mejor convicción, quería dar ese paso en la más tranquila resolución que pudiera.

Su duda, su lucha consigo mismo, se echan de ver en un apunte que probablemente es un comienzo de carta a Guillermo, y que se ha encontrado sin fecha entre sus papeles:

«Su presencia, su destino, su comprensión por mí arrancan todavía las últimas lágrimas de mi cerebro agostado.

»¡Levantar el telón y pasar atrás! ¡Eso es todo! ¿Y por qué la vacilación y el retardo? ¿Porque no se sabe qué aspecto tendrá lo de atrás? ¿Y porque no se vuelve atrás? También, porque lo típico de nuestro espíritu es presentir confusión y tiniebla donde no sabemos nada determinado.»

Por fin, se familiarizó y se encariñó cada vez más con ese triste pensamiento, y su propósito se hizo firme e irrevocable, de lo que da testimonio la siguiente carta ambigua que escribió a su amigo:

«20 de diciembre

»Agradezco a tu afecto, Guillermo, que hayas recibido así mis palabras. Tienes razón: me convendría más irme. La propuesta que me haces de que vuelva contigo no me parece muy bien; al menos, querría todavía dar un rodeo, especialmente cuando podemos confiar en el hielo aún firme y en el buen camino. También a mí me gustaría que vinieras a buscarme: perdona aún dos semanas, y espera todavía otra carta mía con detalles. Es necesario que no se coseche nada antes de que esté maduro. Y catorce días más o menos hacen mucho. A mi madre has de decirle que rece por su hijo, y que le pido perdón por todos los disgustos que le he dado. Mi destino ha sido afligir a los que debía dar alegría. Adiós, querido mío. Que todas las bendiciones del Cielo vengan sobre ti. ¡Adiós!»

Apenas nos atrevemos a expresar con palabras lo que pasaba en este tiempo por el alma de Carlota, así como sus pensamientos respecto a su marido y respecto a su infeliz amigo; aunque, conociendo su carácter, podemos imaginarlo en silencio, y cualquier hermosa alma femenina se puede imaginar dentro de la suya y comprender sus emociones.

Lo cierto es que estaba firmemente decidida a hacer todo lo posible por alejar a Werther, y si vacilaba era sólo por un reparo cordial y amistoso: porque sabía cuánto le costaría, más aún, sabía que le sería casi imposible. Pero ella en ese tiempo se vio más obligada a tomarlo en serio: su marido guardaba completo silencio respecto a esa situación, como siempre había callado sobre tal cosa, y por eso mismo ella se sentía obligada a demostrar con hechos que sus propios pensamientos estaban a la altura de los de él.

El mismo día que Werther escribió a su amigo la carta que aquí insertamos, era el domingo antes de Navidad: llegó a ver a Carlota por la tarde y la encontró sola. Estaba ocupada en preparar unos juguetes que había dispuesto para regalar a sus hermanitos en Navidad. Él habló del placer que sentirían los pequeños, y de los tiempos en que producía un éxtasis paradisíaco el abrir la puerta inesperadamente y ver aparecer el árbol adornado con velas de cera, caramelos y manzanas.

—También usted —dijo Carlota, ocultando con una sonrisa su perplejidad—, también usted recibirá regalos si se porta bien: una velita y algo más.

—¿Y a qué le llama usted portarse bien? —exclamó—, ¿cómo ha de ser, cómo puede ser, querida Carlota?

—El jueves —dijo ella— es Nochebuena; vendrán los niños, y mi padre también, y cada cual recibirá lo suyo: venga usted también... pero no antes. —Werther quedó suspenso—. Se lo ruego —continuó—, así es; se lo ruego por mi tranquilidad; esto no puede, no puede seguir así.

Él apartó su mirada de ella, y dio unas vueltas por la habitación murmurando entre dientes:

—¡No puede seguir así!

Carlota, que comprendía la terrible situación en que le habían puesto estas palabras, trató de desviar sus pensamientos con toda clase de preguntas, pero en vano.

—No, Carlota —exclamó—: ¡no la veré más!

—¿Por qué? —respondió ella—. Werther, usted puede y debe volver a vernos, pero modérese. ¡Oh, por qué habrá nacido con esa violencia, con esa pasión inconteniblemente apresurada por todo lo que se le ocurre una vez! Le ruego —continuó, tomándole la mano—, ¡modérese! Su espíritu, su saber, sus talentos, ¡qué variadas satisfacciones le ofrecen! ¡Sea un hombre! ¡Aparte este triste afecto de una criatura que no puede hacer más que compadecerle!

Él rechinó los dientes y la miró sombrío. Ella retuvo su mano:

—Sólo un momento de calma tranquila, Werther —dijo—. ¿No nota usted que se engaña a sí mismo, que se va a aniquilar con su deseo? ¿Por qué a mí, Werther? ¡Precisamente a mí, que soy propiedad de otro, precisamente esto! Temo, temo mucho que sea sólo la imposibilidad de hacerme suya lo que le hace tan excitado su deseo.

Él retiró su mano, mirándola con ojos fijos e indóciles.

—¡Muy juiciosa! —exclamó—. ¡Muy juiciosa! ¿Quizá ha sido Alberto quien ha hecho esa observación? ¡Muy diplomática, muy diplomática!

—Cualquiera puede hacerla —respondió ella—. Y ¿en todo el ancho mundo no ha de haber una muchacha que llene los deseos de su corazón? Domínese, búsquela, y le aseguro que la encontrará; pues ya hace mucho tiempo que tengo angustia por usted y por nosotros, por la limitación en que se ha encerrado en este tiempo. ¡Domínese! Un viaje le distraerá: busque, encuentre un objeto digno de su amor, y vuelva luego para hacernos gustar juntos la dicha de una verdadera amistad.

—Todo eso —contestó él con fría sonrisa— se podría imprimir y recomendar a los preceptores. ¡Querida Carlota! Déjeme todavía un poco de tranquilidad, y todo se hará.

—Solamente esto, Werther, ¡que no venga antes de Nochebuena!

Él quería contestar, cuando Alberto entró en el cuarto. Se saludaron de modo gélido, y empezaron a dar vueltas por el cuarto, cohibidos. Werther inició una conversación insignificante, que pronto se acabó; Alberto lo mismo: preguntó a su mujer por ciertos encargos, y cuando supo que no estaban realizados, le dijo unas palabras, que a Werther le parecieron frías, muy frías. Se quería ir, no podía, y vaciló hasta que, a las ocho, pusieron la mesa, y él tomó su bastón y su sombrero. Alberto le invitó a quedarse, pero él, que sólo creyó ver en ello un cumplimiento sin valor, lo agradeció fríamente y se marchó.

Llegó a casa y quitó la luz de la mano al muchacho que quería alumbrarle; empezó a dar vueltas por su cuarto, lloró ruidosamente, habló excitado consigo mismo, y anduvo violentamente de un lado para otro, hasta que por fin se echó vestido sobre la cama, donde le encontró el criado cuando hacia las once se atrevió a entrar a preguntar si quería que le quitara las botas. Él accedió y mandó al criado que por la mañana no entrase en el cuarto hasta que él llamara.

El lunes por la mañana, veintiuno de diciembre, escribió a Carlota la siguiente carta, que después de su muerte encontraron sellada en su escritorio y se la llevaron a ella, y que inserto aquí fragmentariamente, en atención a la circunstancia de que él la haya escrito.

«Está decidido, Carlota, que voy a morir, y te lo escribo sin conmoción romántica, en la mañana del día en que te veré por última vez. Cuando tú leas esto, querida mía, ya la fría tumba cubrirá los restos yertos de este intranquilo, de este desdichado, que no conoce mayor dulzura en los últimos instantes de su vida sino conversar contigo. He pasado una noche espantosa, y ¡ay! una noche bienhechora. Ésta es la que confirma y determina mi decisión: voy a morir. ¡Cómo me separé ayer de ti, en la terrible agitación de mis sentidos; cómo todo eso me oprimía el corazón, y mi vida sin gozo ni esperanza junto a ti me envolvía en horrible frialdad!... Apenas alcancé mi cuarto, me postré de rodillas; fuera de mí, y el Cielo me concedió el último alivio de las lágrimas más amargas. Mil proyectos, mil perspectivas se revolvían en mi alma, y por fin quedó ahí, firme, entero, el único pensamiento: ¡Voy a morir! Me acosté, y por la mañana, en la calma del despertar, seguía firme, seguía fuerte en mi corazón: ¡voy a morir! No es desesperación, es certidumbre de que he soportado lo que me tocaba, y que me sacrifico por ti. Sí, Carlota, ¿por qué había de callarlo? Uno de los tres tiene que desaparecer, y voy a ser yo. ¡Oh querida mía! En este corazón agitado, muchas veces se ha deslizado la idea... ¡de matar a tu marido! ¡De matarte! ¡De matarme! ¡Sea, pues! Cuando subas a la montaña, en una hermosa tarde de verano, acuérdate de mí; de cuantas veces anduve por ese valle, y luego mira el cementerio, mira mi tumba, cuando el viento mece la alta hierba en el fulgor del sol poniente... Estaba tranquilo cuando comencé; ahora lloro como un niño, porque todo adquiere vida en torno de mí...»

Hacia las diez llamó Werther a su criado, y mientras le vestía, dijo que dentro de unos días se iría de viaje: el criado tenía que guardar los trajes y prepararlo todo para las maletas; también le dio orden de pedir las cuentas en todas partes, de buscar algunos libros prestados, y de dar por anticipado la porción de dos meses a algunos pobres a quienes solía dar algo semanalmente.

Se hizo llevar la comida al cuarto, y después de comer salió a caballo a ver al administrador, a quien no encontró en casa. Dio vueltas pensativo por el jardín, y pareció querer amontonar todavía sobre sí toda la melancolía del recuerdo.

Los pequeños no le dejaron mucho tiempo en paz; le persiguieron, le saltaron encima y le contaron que cuando pasara mañana, y el otro, y el otro, tendrían los regalos de Navidad en casa de Carlota, y le hablaron de las maravillas que les prometía su pequeña imaginación.

—¡Mañana! —exclamó—. ¡Y el otro, y el otro! —y les besó cordialmente.

Ya les iba a dejar, cuando el pequeño le quiso decir algo al oído. Éste le reveló que los hermanos mayores habían escrito unos bonitos deseos de Año Nuevo, ¡tan grandes!, uno para papá, otro para Carlota y Alberto, y otro para el señor Werther; y que se los mandarían el día de Año Nuevo por la mañana temprano. Esto le dejó abrumado: regaló algo a cada uno de ellos, montó a caballo, dio recuerdos para el anciano, y salió con las lágrimas en los ojos.

Hacia las cinco llegó a casa, y ordenó a la criada que vigilara el fuego y lo cuidara hasta la noche. Al criado le encargó que fuera metiendo en las maletas los libros y la ropa blanca, y que preparara los trajes. Luego escribió, probablemente, el siguiente párrafo de su carta final a Carlota:

«¡No me esperas! Crees que obedeceré y esperaré a verte en Nochebuena. ¡Oh Carlota! Hoy o nunca. En Nochebuena tendrás este papel en la mano, temblarás y lo regarás con tus queridas lágrimas. ¡Quiero irme, tengo que irme! Ah, qué bien me siento, ahora que me he decidido.»

Carlota, mientras tanto, estaba en una situación singular. Después de su última conversación con Werther había sentido cuánto le dolería separarse de él, y cuánto sufriría él cuando hubiera de alejarse.

Como de paso, en presencia de Alberto se había dicho que Werther no volvería hasta Nochebuena, y Alberto había salido a caballo a ver a un administrador en las cercanías con quien tenía que resolver un asunto, y con el cual pasaría la noche.

Estaba sola: no tenía alrededor a ninguno de sus hermanos, y se entregó a sus pensamientos, que giraban en silencio sobre su situación. Se veía ahora enlazada eternamente con el hombre cuyo amor y fidelidad conocía, a quien se había entregado de corazón, y cuya tranquilidad y confianza parecían dispuestas por el Cielo para que sobre ellas asentara la felicidad de su vida una mujer de buen ánimo;

ella sentía lo que había de ser siempre para ella y para sus niños. Por otro lado, había llegado a querer mucho a Werther; desde el primer instante que le conoció, se había evidenciado con hermosura el acuerdo de sus espíritus, y el largo trato constante y algunas situaciones que habían atravesado juntos habían dejado en su corazón una impresión inextinguible. Todo lo que ella sentía o pensaba como interesante, se había acostumbrado a compartirlo con él, y su alejamiento amenazaba abrir en el ánimo entero de Carlota un vacío que no podía volver a llenarse. ¡Ah, qué feliz habría sido si en ese momento le hubiera podido transformar en hermano! ¡Si le hubiera podido casar con una de sus amigas, se hubiera podido esperar que se restableciera la buena armonía de Werther con Alberto!

Fue pensando en sus amigas, una tras otra, y en cada una iba encontrando algo que objetar: no encontraba ninguna a la que le hubiera confiado a Werther.

En todas estas consideraciones sentía profundamente, sin que se le hiciera evidente con claridad, que su aspiración secreta era conservarle para ella, y al mismo tiempo se decía que no podía retenerle, ni debía: su ánimo puro, hermoso, otras veces tan ligero y tan fácil de resolución, experimentaba el peso de una melancolía a la que se le cerraba la perspectiva de la dicha. Su corazón estaba oprimido, y sobre sus ojos se extendía una turbia nube.

Eran ya las seis y media, cuando oyó que Werther subía las escaleras reconociendo enseguida su paso, y su voz, al preguntar por ella. ¡Cómo le latió el corazón, casi podríamos decir que por primera vez, con su llegada! Habría preferido hacerle negar su presencia, y cuando él entró, exclamó Carlota con una especie de confusión apasionada:

—No ha mantenido su palabra.

—No prometí nada —fue la respuesta de Werther.

—Por lo menos, debía haberme concedido mi ruego —respondió ella—, le pedí un poco de paz.

No sabía muy bien lo que decía, y tampoco lo que hacía, cuando mandó a buscar a unas amigas para no estar sola con Werther. Él sacó unos libros que traía, preguntó por otros, y ella tan pronto deseaba que vinieran pronto sus amigas, como que no quisieran venir. La criada volvió y trajo la noticia que las dos se disculpaban por no acudir.

Ella quiso sentar a la criada con su labor en el cuarto de al lado, pero luego cambió de idea. Werther daba vueltas por el cuarto, ella se acercó al piano y empezó un minué, que no le quería salir. Se dominó, y se sentó tranquilamente junto a Werther, que había tomado su sitio acostumbrado en el canapé.

—¿No tiene nada que leer? —dijo ella. No tenía nada—. Allí dentro del cajón está su traducción de unos cantos de Ossián: todavía no los he leído, pues esperaba siempre oírselos leer, pero hasta ahora no ha habido ocasión, ni usted ha querido trabajar más.

Él sonrió, buscó los versos, y se le llenaron de lágrimas los ojos al verlos. Se sentó y leyó:[1]

«Estrella de la noche a media luz, ya centelleas en Occidente, y levantas de las nubes tu cabeza radiante, caminando solemnemente sobre la colina. ¿Por qué me miras en el llano? Los vientos tempestuosos han cesado; desde la lejanía llega el murmullo del arroyo; las ondas agitadas

1. Werther lee aquí el poema *Songs of Selma*, del apócrifo monje Ossián —en realidad, de James Macpherson (1738-1795), pero la superchería tardó en descubrirse, y los poemas ossiánicos entusiasmaron a toda Europa: reputándose iguales, en rango a los homéricos—. Goethe había traducido esta obra ossiánica cuando estudiaba en Estrasburgo, y la incrusta aquí como elemento apropiado para el clima anímico y estético de la obra.

juegan allá en los peñascos; el zumbido de los mosquitos en el anochecer te envuelve como un enjambre sobre el campo. ¿Adónde miras, hermosa luz? Pero sonríes y marchas, y te rodean gozosamente las ondas y bañan tu espléndida cabellera. Adiós, fulgor tranquilo. ¡Aparece, luz espléndida del alma de Ossián!

»Y aparece, con toda su fuerza. Veo a los míos desaparecidos: se reúnen en torno de Lora, como en los días que ya pasaron. Viene Fingal, como una húmeda columna de niebla; y en torno a él, están sus héroes, y ¡mira! los bardos del canto: encanecido Ullín, espléndido Ryno; Alpín, admirable cantor; y tú, Minona, con tu suave queja. ¡Qué cambiados estáis, amigos míos, desde los festivos días de Selma, cuando luchábamos por la gloria del canto, como los vientos de primavera, al soplar, cambiantes, por las colinas, hacen inclinarse la débil hierba susurrante!

»Entonces apareció Minona en su hermosura, con la vista baja y los ojos llenos de lágrimas, y su pelo volaba pesadamente al viento cambiante que soplaba desde el cerro. El ánimo de los héroes se ensombreció, cuando ella levantó su maravillosa voz; pues muchas veces habían visto la tumba de Salgar, muchas veces habían visto la oscura morada de la blanca Colma. Colma estaba abandonada allá en la colina, con su armoniosa voz; Salgar le prometió acudir, pero en torno se espesaba la noche. Escuchad la voz de Colma, sentada solitaria en la colina.

Colma

»¡Es de noche! Estoy sola, perdida en la colina tempestuosa. El viento zumba en la sierra. El torrente aúlla por las peñas abajo. No hay cabaña en que me guarezca de la lluvia; estoy abandonada en la colina tempestuosa.

»Sal, ¡oh luna, de tus nubes! ¡Apareced, oh estrellas de la noche! Que algún rayo me conduzca al lugar donde mi amor descansa de las fatigas de la caza, con su arco abandonado a su lado, y los perros roncando en torno. El torrente y la tempestad rugen; no oigo la voz de mi amado.

»¿Por qué tarda mi Salgar? ¿Ha olvidado su palabra? ¡Ahí está la pena y el árbol, y aquí el torrente rumoroso! Al caer la noche me prometiste estar aquí: ¡ay! ¿Por dónde se ha perdido mi Salgar? ¡Contigo querría huir, dejar a mi padre y mis hermanos, tan orgullosos! Hace mucho que nuestras estirpes son enemigas, ¡pero nosotros, oh Salgar, no somos enemigos!

»Mira, la luna aparece, el río fulgura en el valle, las rocas se elevan grises por la colina, pero no le veo por la colina, y sus perros no van anunciando su llegada por delante de él. Tengo que estar aquí sentada en soledad.

»Pero ¿quiénes son los que están allá abajo tendidos en el llano? ¿Mi amado? ¿Mi hermano? ¡Hablad, amigos míos! No responden. ¡Qué miedo siento en mi ánimo! ¡Ay, están muertos! ¡Sus espadas están rojas de la lucha! ¡Oh hermano mío, hermano! ¿Por qué has matado a mi Salgar? ¡Os quería tanto a los dos! ¡Ah, tu hermosura resaltaba en la montaña entre otros mil! Era temible en la pelea. ¡Respondedme! ¡Escuchad mi voz, amados míos! Pero, ay, están mudos, mudos para siempre; frío como la tierra está su pecho.

»Ah, desde la roca de la colina, desde la cima de la montaña en tormenta, ¡hablad, espíritus de los muertos! ¡Hablad! ¡No tendré horror! ¿Dónde habéis ido a reposar? ¿En qué caverna de la sierra os he de encontrar? No percibo ninguna débil respuesta en el viento; ningún hálito de respuesta en la tempestad de la colina.

»Me quedo aquí en mi aflicción, aguardando en llanto la mañana. Abrid la tumba, amigos de los muertos; pero no la cerréis hasta que yo llegue. Mi vida desaparece como un sueño: no puedo quedarme atrás. Quiero vivir aquí con mis amigos, en el torrente del peñasco resonante... Cuando se haga de noche en la colina y la brisa pase sobre el llano, mi espíritu se elevará en el viento para lamentar la muerte de los míos. El cazador me oirá entre los bosques, tendrá miedo de mi voz y la amará; pues mi voz ha de ser dulce por los míos, a quienes tanto he querido.

»Ése fue tu canto, oh Minona, hija ruborosa y suave de Tormán. Nuestras lágrimas corrieron por Colma, y nuestra alma se ensombreció.

»Entró Ullín con el arpa y nos entonó el canto de Alpín: la voz de Alpín era cariñosa; el alma de Ryno era un rayo de fuego. Pero ya descansaban en la estrecha mansión, y su voz se había extinguido en Selma. Una vez Ullín volvía de la caza, antes de que cayeran los héroes. Oyó la competición de sus cantos en la colina. Su canción era suave, pero triste. Lamentaban la caída de Morar, el primero de los héroes. Su alma era como el alma de Fingal, y su espada era como la espada de Oscar... Pero cayó, y su padre se afligió, y los ojos de Minona estaban llenos de llanto, la hermana del soberbio Morar. Se retiró ante el canto de Ullín como la luna a Occidente, cuando prevé la lluvia tempestuosa y esconde su cabeza en una nube. Tañí el arpa con Ullín para cantar la aflicción.

Ryno

»Han pasado viento y lluvia; el mediodía está claro y las nubes se dispersan. El inconstante sol, en ráfagas, iluminará las colinas. El torrente de la montaña fluye rojizo hacia el valle. Dulce es tu murmullo, torrente; pero más dulce es la voz que oigo. Es la voz de Alpín que llora a los muertos. Su cabeza está doblada por la vejez, y sus ojos llorosos están enrojecidos. ¡Alpín, noble cantor! ¿Por qué estás solo en las calladas colinas? ¿Por qué te quejas como el viento en el bosque, como las olas en la costa lejana?

Alpín

»Mis lágrimas, Ryno, son por los muertos; mi voz es para los habitantes de la tumba. Esbelto estás en la colina, hermoso entre los hijos del llano. Pero caerás como Morar, y en tu tumba se sentarán a llorarte. Te olvidarán las colinas, y tus arcos quedarán flojos en tu morada.

»Fuiste rápido, Morar, como un corzo por los cerros, temible como el fuego nocturno en el cielo. Tu ira era una tempestad, tu espada en la batalla era como el relámpago sobre la llanura. Tu voz parecía el torrente del bosque tras la lluvia, el trueno en las cimas lejanas. Muchos cayeron ante tu brazo: los destrozó la llama de tu cólera. Pero cuando volvías de la guerra ¡qué pacífico era tu rostro! Tu rostro semejaba el sol tras la tempestad, la luna en la noche silenciosa, cuando se ha calmado el rugir del viento.

»¡Estrecha es tu morada, oscura tu habitación! ¡Con tres pasos mido tu tumba; oh tú, que antes fuiste tan grande! Cuatro piedras de musgosas cabezas son tu único recuerdo; un árbol deshojado, la larga hierba que susurra al viento señala a la mirada del cazador la tumba del poderoso Morar.

»No tienes madre que te llore, ni una muchacha con las lágrimas del amor. Muerta está la que te parió; han caído las hijas de Morglan.

»¿Quién es aquél, apoyado en el bastón? ¿Quién es aquél, cuya cabeza ha blanqueado de vejez, y cuyos ojos están enrojecidos de lágrimas? Es tu padre, ¡oh Morar!, el padre que no tiene más hijo que tú. Oyó tu llamada en la batalla, oyó a los enemigos que caían; oyó la gloria de Morar, ¡ay!, ¿no oyó nada de su herida? ¡Llora, padre de Morar, llora! Pero tu hijo no te oye. Profundo es el sueño de los muertos; hundida está su almohada de polvo. El muerto no atenderá jamás a la voz, no despertará con tu llamada. ¡Ah, cuándo se hará de día en la tumba para que mande al que duerme: Despierta!

»¡Adiós, tú el más noble de los hombres, el conquistador en la lucha! ¡Nunca te verá el campo de batalla, nunca brillará el bosque oscuro con el fulgor de tu acero! No dejaste hijos, pero el canto conservará tu nombre, y los tiempos venideros oirán hablar de ti, oirán hablar de cómo cayó Morar.

»Ruidosamente lloraron los héroes, y sobre todo se oyeron los violentos suspiros de Armín. Se acordaba de la muerte de su hijo, que cayó en los días de su juventud. Carmor estaba sentado junto al héroe, el príncipe del sonoro Galmal. ¿Por qué solloza Armín?, dijo, ¿qué hay que llorar aquí? ¿No entonáis canciones para ensanchar y recrear el alma? Son como suave niebla que sube del mar para extenderse sobre el valle, y las flores al abrirse se llenan de su humedad; pero vuelve el sol en toda su fuerza y desaparece la niebla. ¿Por qué estás tan afligido, Armín, soberano de Gorma, la rodeada por los mares?

»¡Afligido! Sí que lo estoy, y no dejo de ser yo mismo la causa de mi dolor. Carmor, tú no perdiste un hijo; no perdiste una hija florida; vive el valiente Colgar, y Annira, la más hermosa de las muchachas. Florecen las ramas de tu estirpe, oh Carmor; pero Armín es el último de su linaje. Oscuro es tu lecho; sordo es el sueño en tu tumba. ¿Cuándo despertarás con tus canciones, con tu voz melodiosa? ¡Arriba, vientos del otoño! ¡Arriba, soplad sobre el oscuro llano! ¡Rugid, arroyos del bosque! ¡Aullad, tempestades, en la copa de las encinas! ¡Camina, oh luna, por entre las nubes desgarradas, mostrando a trechos tu pálido rostro! ¡Recuérdame la terrible noche en que cayeron mis hijos; en que sucumbió Arindal el poderoso y se extinguió la hermosa Daura!

»Daura, hija mía, ¡qué hermosa eras! Hermosa como la luna en las colinas de Fura, blanca como la nieve recién caída, dulce como el hálito del viento. Arindal, tu arco era fuerte, tu lanza era rápida en el combate, tu mirada como niebla sobre las olas, y tu escudo una nube de fuego en la tormenta.

»Armar, famoso en la guerra, llegó y pidió el amor de Daura: ella no le resistió mucho tiempo. Hermosas eran las esperanzas de su amigo.

»Erath, el hijo de Odgal, sintió rencor, pues su hermano había muerto a manos de Armar. Llegó disfrazado en una nave. Su embarcación era muy bella sobre las olas; traía una cabellera blanca de vejez, y un rostro grave y tranquilo. Tú, la más hermosa de las muchachas, dijo; bella hija de Armín, allí en las rocas, junto al mar, donde se asoma la roja fruta del árbol, allí Armar espera a Daura; vengo a llevarme su amor sobre el mar agitado.

»Ella le siguió, llamando a Armar; no le contestó más que el eco de la roca. ¡Armar, mi amor! ¡Mi amor! ¿Por qué me das tanto miedo? ¡Escucha, hijo de Arnarth, escucha! ¡Es Daura quien te llama!

»Erath, el traidor, huyó riendo a tierra. Ella alzó la voz, llamando a su padre y su hermano: ¡Arindal, Armín! ¿No hay quien salve a su Daura?

»Su voz llegó a través del mar. Arindal, mi hijo, bajó de la colina, fatigado de perseguir la caza, y sus flechas se agitaban en su carcaj: llevaba el arco en la mano y tenía a su alrededor cinco perros grisáceos. Vio en la orilla al atrevido Erath, le apresó y le ató a la encina, y, fuertemente atado por la cintura, el prisionero llenó de quejas los vientos.

»Arindal cruzó las olas en su embarcación, para buscar a Daura. Armar llegó enfurecido, disparó la flecha de grises plumas; zumbó y se hundió en tu corazón, ¡oh Arindal, hijo mío! En vez de Erath, del traidor, caíste tú, y la nave alcanzó las rocas, cuando él caía agonizando. A tus pies corrió la sangre de tu hermano; ¡qué aflicción, oh Daura!

»Las olas destrozaron la nave. Armar se precipitó al mar para salvar a su Daura o morir. Solo en las rocas envueltas por las aguas, oí los lamentos de mi hija. Su clamor era sonoro y repetido, pero su padre no pudo salvarla. Toda la noche permanecí en la orilla, viéndola al débil fulgor de la luna; toda la noche oí sus clamores, entre el ruido del viento, mientras la lluvia golpeaba el costado de la montaña. Su voz se debilitó antes que amaneciera; murió como la brisa nocturna entre la hierba de las rocas. ¡Murió cargada de aflicción, dejando solo a Armín! Se acabó mi energía en la guerra, se terminó mi orgullo entre las muchachas.

»Cuando llegan las tempestades de la montaña, cuando el viento Norte hace alzarse las olas, me siento en la orilla rumorosa y miro las terribles peñas. Muchas veces, al fulgor de la luna, veo los espíritus de mis hijos, que caminan juntos e inciertos en triste armonía.»

Un torrente de lágrimas que brotó de los ojos de Carlota, dejando respirar a su oprimido corazón, interrumpió los versos de Werther. Arrojó el papel, estrechó su mano y lloró con las más amargas lágrimas. Carlota, apoyada en la otra mano, ocultaba sus ojos en el pañuelo. La conmoción de ambos era terrible. Sentían su propia desventura en el destino de aquellos nobles seres, lo sentían juntos y sus lágrimas les reunían. Los labios y los ojos de Werther se encendían en el brazo de Carlota; un escalofrío la recorrió y quiso alejarle, pero el dolor y la compasión pesaban sobre ella como plomo. Respiró para recobrarse, y le pidió con sollozos que prosiguiera; se lo pidió con toda su voz celestial. Werther vaciló: su corazón estaba a punto de estallar. Levantó las hojas y leyó con voz rota:

«¿Por qué me despiertas, brisa de primavera? Me seduces y me dices: Yo pongo el rocío con gotas celestiales. Pero se acerca mi tiempo de marchitarme, y se acerca la tempestad que destruirá mis hojas: Mañana vendrá el caminante, llegará el que me vio en mi hermosura; sus ojos me buscarán alrededor, por todo el campo, y no me encontrarán...»

Todo el poder de esas palabras cayó sobre aquellos infelices. Él se arrodilló ante Carlota, en plena desesperación; tomó sus manos y las estrechó contra sus ojos, contra su frente: a ella le pareció sentir cruzar por el ánimo un presentimiento de su terrible propósito. Sintió Carlota que su mente se extraviaba: apretó la mano de Werther y la estrechó contra su pecho, inclinándose con un violento movimiento hacia él. El mundo se borró en torno de ellos. Él la estrechó entre sus brazos, oprimiéndola contra su pecho, y cubrió sus labios vacilantes y balbucientes con ardientes besos.

—¡Werther! —gritó ella con voz ahogada, apartándose—: ¡Werther!

Y con mano débil le apartaba de su pecho.

—¡Werther! —exclamó, con el contenido acento del más noble sentir.

Él no se opuso; la soltó de sus brazos y se postró locamente ante ella. Ella se desprendió, y con angustiosa confusión, vacilando entre la cólera y el cariño, le dijo:

—¡Es la última vez, Werther! No me volverá a ver.

Y con la mirada llena de amor hacia el desventurado, se apresuró a marchar a otro cuarto, cerrando la puerta detrás de sí. Werther tendió los brazos tras ella, pero no se atrevió a retenerla. Quedó tendido por tierra, con la cabeza en el canapé, y en esa actitud estuvo una media hora, hasta que un ruido le hizo volver en sí. Era la muchacha que iba a poner la mesa. Él dio vueltas por la habitación, y cuando volvió a verse solo, se acercó a la puerta de la otra habitación y llamó con voz queda:

—¡Carlota, Carlota! ¡Sólo una palabra más, un adiós!

Ella calló. Él aguardó, e insistió en su petición; luego se desprendió, y exclamó:

—¡Adiós, Carlota! ¡Adiós para la eternidad!

Llegó a la puerta de la ciudad: los vigilantes, que ya se habían acostumbrado a él, le dejaron pasar sin decir nada. Caía un aguanieve: llegó a casa hacia las once. Cuando Werther entró en casa, su criado notó que le faltaba el sombrero. No se atrevió a decir nada; le desvistió, y estaba todo mojado. Luego se encontró el sombrero en una roca, que asoma al valle en la ladera de la colina, y es incomprensible cómo subió hasta allí, en una noche oscura y lluviosa, sin caerse.

Se acostó y durmió mucho. El criado le encontró escribiendo cuando a la mañana siguiente acudió a su llamada para llevarle el café. Escribía lo siguiente en su carta a Carlota:

«Por última vez, pues por última vez abro los ojos. ¡Ay!, no habían de ver más el sol; un día turbio y nublado los mantiene cubiertos. ¡Entristécete, pues, Naturaleza! Tu hijo, tu amiga, tu amado, se acerca a su fin. Carlota, es una sensación incomparable, y sin embargo, es lo más parecido al sueño decirse: Ésta es la última mañana. ¡La última! Carlota, ya no entiendo qué significa la palabra "última". ¿No estoy aquí con todas mis fuerzas? Mañana estaré extendido y rígido en el suelo. ¡Morir! ¿Qué quiere decir eso? Mira, soñamos cuando hablamos de la muerte. He visto morir a muchos; pero la humanidad es tan limitada, que no tiene sentido ante el comienzo y el fin de su existencia. Ahora soy todavía mío, ¡tuyo; tuyo, oh amada! Y en un momento... separados, lejos... ¿quizá para la eternidad? No, Carlota, no. ¿Cómo puedo pasar? ¡Existimos de veras! ¡Pasar, perecer! ¿Eso qué es? ¡No es más que una palabra! No tiene sentido para mi corazón... ¡Muerto, Carlota! enterrado en el frío suelo, tan estrecho, tan oscuro... Tuve una amiga que lo fue todo para mí en mi desvalida juventud:[2] murió, y yo seguí su cadáver, y estuve junto a la tumba cuando hicieron bajar el ataúd y sacaron luego las cuerdas de debajo con un susurro, y volvieron a subir deprisa: luego, los primeros terrones se estrellaron con un sonido sordo sobre la triste caja; cada vez más sordo, hasta que por fin quedó cubierto. ¡Morir, tumba! ¡Ya no comprendo estas palabras!

»¡Ah, perdóname, perdóname! ¡Ayer! Habría debido ser el último instante de mi vida. ¡Ah, ángel! Por primera vez, por primera vez sin duda alguna surgió el fulgor de una sensación deliciosa a través de lo más hondo de mí: ¡me quiere,

2. Es la amiga, «que le aventajaba en años», de que habló al principio, en la carta del 17 de mayo.

me quiere! Todavía arde en mis labios el fuego sagrado que brotaba de los tuyos: en mi corazón hay una nueva delicia cálida. ¡Perdóname, perdóname!

»Ay, sabía que me querías, lo supe en tus primeras miradas llenas de alma, en el primer apretón de mano, y sin embargo, cuando estaba otra vez ausente, cuando veía a Alberto a su lado, volvía a vacilar en dudas febriles.

»¿Te acuerdas de las flores que me enviaste cuando en aquella fatal reunión no pudiste decirme una palabra, ni pudiste tenderme la mano? Ah, pasé la mitad de la noche de rodillas ante ellas, y ellas me aseguraron tu amor. Pero ¡ay!, esas impresiones se borraban, como se vuelve a borrar poco a poco la sensación de la gracia divina en el alma de un creyente después que se le presentó en sagrados signos visibles, con toda riqueza celeste.

»Todo esto es transitorio; pero no hay eternidad que extinga la vida ardiente que ayer gusté en tus labios, y que siento en mí. ¡Me quiere! Estos brazos la han estrechado, estos labios han temblado junto a los suyos, esta boca ha balbuceado sobre la suya. ¡Es mía! ¡Eres mía! Sí, Carlota, para la eternidad.

»¿Y qué es eso de que Alberto sea tu marido? ¡Tu marido! Eso sería para este mundo... y ¿para este mundo sería pecado que yo te quisiera, que yo te arrancara con mis brazos de los suyos? ¿Pecado? Bien, ya me castigo por él; lo he gustado en toda su delicia celeste, este pecado; he absorbido en mi corazón bálsamo y fuerza de vida. Desde este momento eres mía, mía, ¡oh Carlota! ¡Allá voy! Voy a mi Padre, y a tu Padre.

»A Éste me quejaré, y Él me consolará hasta que tú llegues; y saldré volando a tu encuentro, y te abrazaré, y quedaré contigo en eterno abrazo a la vista del Infinito.

»¡No sueño, no estoy enloquecido! Cerca de la tumba tendré más claridad. ¡Existiremos! ¡Nos veremos otra vez! ¡Verás a tu madre! Yo la veré, la encontraré, ay, y ante ella se estremecerá mi corazón; ante tu madre, imagen tuya.»

Hacia las once, Werther preguntó a su criado si había vuelto Alberto. El criado dijo:

—Sí, he visto pasar su caballo.

Entonces su amo le dio una cartita abierta con este contenido:

«¿Quiere prestarme sus pistolas para un viaje que voy a emprender? ¡Adiós!».

Carlota durmió poco esa noche; estaba decidido lo que había temido, decidido de una manera que no pedía sospechar ni temer. Su sangre, en otro momento tan viva y pura, estaba en una excitación febril; y mil emociones desgarraban su hermoso corazón. ¿Era el fuego de los abrazos de Werther lo que sentía en su pecho? ¿Era disgusto por su temeridad? ¿Era una amarga comparación de su situación actual con aquellos días de confianza en sí misma, libre y sin sospechas? ¿Cómo se presentaría ante su marido? ¿Cómo confesarle una escena, que podía contarle muy bien pero que no se atrevía a confesarle? Habían callado durante mucho tiempo el uno ante el otro, y ¿había de ser ella la primera que rompiera el silencio y le hiciera a su marido tal descubrimiento en un momento inoportuno? Ya temía que la mera noticia de la visita de Werther le produciría una impresión desagradable, ¡y ahora esta catástrofe inesperada! ¿Podía tener esperanzas de que su marido la vería bajo una buena luz, y lo aceptaría todo sin prejuicios? ¿Y podía desear que pudiera él leer en su alma? Y, una vez más, ¿podía fingir ante el hombre ante el cual siempre había sido como un cristal claro, abierta y libre, sin poder jamás ocultarle ninguna de sus impresiones? Lo uno y lo otro la preocupaba y la dejaba perpleja; y sus pensamientos volvían repetidamente a Werther, que estaba perdido para ella, al que no podía dejar que siguiera allí, al que ¡ay! debía dejar marchar ella misma, y a quien, cuando la hubiera perdido, no le quedaría nada.

¡Qué duro resultaba ahora lo que por el momento no había podido ver con claridad, el choque, en torno a ella, que se había establecido entre ellos! Personas tan razonables y buenas empezaban a callarse algo mutuamente por causa de diferencias secretas; cada cual juzgaba a los demás según su razón y sinrazón, y la situación se enredaba y se enconaba de tal manera que era imposible deshacer los nudos precisamente en el momento crítico de que dependía todo. Si una venturosa confianza les hubiera vuelto a reunir antes entre sí, si el amor y la indulgencia se hubieran avivado mutuamente entre ellos, abriendo sus corazones, quizá nuestro amigo todavía se hubiera podido salvar.

A eso se añadió una circunstancia especial. Werther, como sabemos por sus cartas, nunca había guardado en secreto que anhelaba dejar este mundo. Alberto se lo había discutido; y también se había hablado muchas veces de eso entre marido y mujer. Alberto, como experimentaba una decidida repugnancia contra tal acción, había manifestado a menudo, con una especie de suspicacia que por lo demás estaba muy fuera de su carácter, que encontraba motivos para dudar de la seriedad de tal propósito: incluso, se había permitido algunas bromas sobre ello, haciendo participar de su incredulidad a Carlota. Esto la tranquilizaba por lo que tocaba a él, cuando sus pensamientos le presentaban esa triste imagen, pero, por el otro lado, eso le estorbaba también comunicar a su marido las preocupaciones que la atormentaban en ese instante.

Volvió Alberto, y Carlota le salió al encuentro con cierto apresuramiento cohibido; él no estaba alegre, su asunto no le había salido bien, y había encontrado que el administrador vecino era un hombre inflexible y estrecho de miras. También los malos caminos le habían puesto de mal humor.

Preguntó si había ocurrido algo, y ella le contestó apresuradamente que Werther había estado allí la tarde anterior. Él preguntó si habían llegado cartas o paquetes, y supo que en su cuarto tenía una carta y unos paquetes. Saltó, dejando sola a Carlota. La presencia del hombre a quien quería y respetaba había causado una nueva impresión en su corazón. El recuerdo de su nobleza, de su cariño y de su bondad había tranquilizado más su ánimo: ahora sentía una inclinación secreta a seguirle. Tomó su labor y fue al cuarto de Alberto, como solía hacer muchas veces. Le encontró ocupado en abrir los paquetes y leer la carta, que no parecía contener nada muy agradable. Ella le hizo unas preguntas, que él contestó con la mayor brevedad, poniéndose a escribir en su mesa.

Estuvieron así juntos una hora, y cada vez se oscurecía más el ánimo de Carlota. Sentía qué difícil le sería descubrirle a su marido, aunque hubiera estado del mejor humor, lo que le pesaba en el corazón: y la invadió una angustia que se le hizo tanto peor cuanto más trataba de esconderla y de tragarse las lágrimas.

La aparición del criado de Werther la sumió en el mayor desconcierto: el criado presentó a Alberto la cartita, éste se volvió tranquilamente a su mujer y dijo:

—Dale las pistolas. —Y al muchacho—: Dígale que le deseo buen viaje.

Esto cayó sobre ella como un rayo: se levantó vacilante, sin saber qué le ocurría. Se acercó despacio a la pared, descolgó temblando las pistolas, les quitó el polvo, vaciló, y hubiera seguido indecisa si Alberto no la hubiera apremiado con una mirada interrogante. Carlota dio al muchacho el arma fatal, sin poder emitir una palabra, y cuando aquél salió, ella recogió su labor, y se retiró a su cuarto en una situación de la máxima incertidumbre. Su corazón le anunciaba toda clase de espantos. Pronto estuvo a punto de echarse a los pies de su marido y descubrírselo todo: lo ocurrido en la tarde anterior, su culpa y sus presentimientos. Pero luego no vio ninguna salida al asunto: lo que menos podía esperar es convencer a su marido para que fuera a ver a Werther. La mesa estaba puesta, y una buena amiga que había venido sólo a preguntar algo, acabó quedándose, haciendo llevadera la conversación en la mesa: fue posible obligarse a hablar, a contar algo, olvidarse de sí misma.

El muchacho llegó con las pistolas ante Werther, que las recibió con entusiasmo cuando supo que se las había dado Carlota. Mandó traer comida y vino, hizo que el criado se fuera a comer, y se sentó a escribir.

«Han pasado por tus manos, tú les has quitado el polvo; las beso mil veces. Las has tocado, y tú, espíritu celestial, favoreces mi decisión; tú, Carlota, me alargas las armas, tú, de cuyas manos desearía recibir la muerte, y, ay, ahora la recibo. Sí, he devorado a preguntas a mi criado. Temblabas cuando se las diste. No dijiste adiós… ¡ay, ay, no dijiste adiós! ¿Habías de tener tu corazón cerrado para mí, a causa del instante que me ha encadenado a ti para siempre? Carlota, ni un milenio bastaría para extinguir la impresión; lo noto muy bien, y sé que no puedes odiar al que de tal modo se enciende por ti.»

Después de comer, mandó al criado que hiciera completamente el equipaje, rompió muchos papeles, y salió a poner en orden todavía algunas deudas. Volvió a casa, y otra vez salió hasta la puerta de la ciudad, sin hacer caso de la lluvia, por los jardines del Conde; dio varias vueltas por las calles, y cuando anochecía volvió a casa y escribió:

«Guillermo, por última vez he visto campos y bosques y el cielo. ¡Adiós también a ti! ¡Querida madre, perdóname! ¡Consuélala, Guillermo! ¡Dios os bendiga! Mis cosas están todas en orden. ¡Adiós! Otra vez nos veremos con más alegría.»

«Me he portado mal contigo, Alberto, y me lo perdonarás. He estropeado la paz de tu casa, he provocado desconfianzas entre vosotros. ¡Adiós! Quiero concluirlo. ¡Ojalá seáis felices con mi muerte! ¡Alberto, Alberto! ¡Haz feliz a ese ángel! ¡La bendición divina esté contigo!

Revolvió todavía mucho entre sus papeles aquella tarde, rompió muchos y los echó a la estufa, sellando algunos paquetes dirigidos a Guillermo. Contenían pequeños escritos, pensamientos sueltos, de los cuales he visto algunos; y después de mandar, hacia las diez, que le prepararan el fuego y le trajeran una botella de vino, ordenó al criado, cuya habitación, igual que las alcobas de la gente de la casa, estaba muy alejada, que se acostara vestido para estar pronto a su disposición; pues le dijo su amo que a las seis llegarían ante la puerta los caballos de la posta.

»Todo está en silencio a mi alrededor, y mi alma está tranquila. He de agradecer a Dios que me otorgue este calor y esta fuerza en los últimos momentos.

»Me acerco a la ventana, querida mía, y miro y veo a través de las nubes tempestuosas y apresuradas, algunas estrellas sueltas del eterno cielo. No, no caeréis. El Eterno os sostiene en su corazón, y a mí también. Veo la estrella que forma el timón del Carro, la estrella que más quiero. Cuando salía de verte por la noche, al cruzar tu puerta, se me presentaba delante. ¡Con qué ebriedad la he visto muchas veces! A menudo, elevando mis manos, la he tomado como signo, como jalón sagrado de mi felicidad presente; y todavía... oh Carlota, ¡cuánto me hace recordarte! ¡Me siento rodeado de ti! ¡Como un niño, he arrebatado insatisfecho para mí todas las pequeñeces que hubieras tocado tú, oh sagrada!

»¡Amada silueta! Te la devuelvo, Carlota, y te pido que la conserves. Mil, mil besos he estampado en ella; mil saludos le he dedicado cuando salía o entraba en casa.

»He rogado a tu padre en una carta que proteja mi cadáver. En el atrio de la iglesia hay dos tilos, atrás, en el rincón hacia el campo: allí deseo descansar. Él puede hacerlo, y lo hará por su amigo. Ruégaselo también. No exijo que los cristianos piadosos dejen sus cuerpos junto a un pobre infeliz. Ay, me gustaría que me enterraran en el camino o en un valle solitario, donde el levita y el sacerdote siguieran su camino santiguándose ante la piedra marcada, y el samaritano derramara una lágrima.[3]

»¡Aquí estoy, Carlota! No me estremezco al tomar este

3. Alusión a Lucas, 10, 31 y sig.

frío y espantoso cáliz, en que he de beber el desvanecimiento de la muerte. Me lo alargas tú y no vacilo. ¡Todo, todo! ¡Así quedan saciados todos los deseos y esperanzas de mi vida! Llamaré así a las férreas puertas de la muerte, yerto y frío.

»¡Ojalá hubiera podido tener la suerte de morir por ti, Carlota, de entregarme por ti! Moriría de buena gana, moriría con alegría, si pudiera devolverte la paz y la delicia de tu vida. Pero ¡ay! esto sólo se les ha concedido a muy pocos seres nobles: derramar su sangre por los suyos, y dar a sus amigos una nueva vida centuplicada con su muerte.

»Quiero que me entierren, Carlota, con este traje: es sagrado porque tú lo has tocado. También se lo he pedido a tu padre. Mi alma se cierne en torno al féretro. Que no registren mis bolsillos. Ese lazo rosa, que llevaste junto a tu pecho, cuando te vi por primera vez entre tus hermanitos… ah, bésalos mil veces y cuéntales el destino de su desdichado amigo. ¡Ah, cómo me sentí unido a ti desde el primer momento, sin poder dejarte! Ese lazo ha de ser enterrado conmigo: me lo regalaste en mi cumpleaños. ¡Cómo me sumergía en todo eso! ¡Ay, no pensaba que el camino me había de llevar hasta aquí! ¡Quédate en paz, te lo ruego, ten calma!

»Están cargadas… ¡Dan las doce! ¡Sea, pues! ¡Carlota, Carlota, adiós, adiós!»

Un vecino vio el fogonazo y oyó el disparo; pero como todo siguió en silencio, no se ocupó más de ello.

Por la mañana, a las seis, entró el criado con una luz. Encontró por el suelo a su señor, la pistola y la sangre. Gritó, le incorporó: aún estertoraba. Corrió a buscar un médico, a buscar a Alberto. Carlota oyó sonar la campanilla, y un estremecimiento recorrió sus miembros. Despertó a su marido, se levantaron; entró aullando el criado y dio balbuceando la noticia. Carlota se desmayó ante Alberto.

Cuando llegó el médico junto al infeliz, le encontró por el suelo sin salvación: el pulso latía, los miembros estaban todos paralizados. Se había disparado en la cabeza sobre el ojo derecho, y el cerebro estaba esparcido. Aunque inútilmente, le abrieron una vena en el brazo, y corrió la sangre: todavía tenía aliento.

Por la sangre que había en el respaldo de la butaca se pudo deducir que realizó su acción sentado ante el escritorio, y luego cayó, saliéndose de su asiento en las convulsiones. Estaba contra la ventana, desfallecido, tendido de espaldas, completamente vestido, con botas, con el frac azul y el chaleco amarillo.

La casa, la vecindad, la ciudad entera se agitó. Entró Alberto. Habían puesto a Werther en la cama, vendando la cabeza, con el rostro ya como el de un muerto: no movía ni un miembro. Los pulmones estertoraban todavía terriblemente, unas veces de modo débil, otras veces fuerte; se aguardaba su fin.

Sólo había bebido un vaso de vino. En el escritorio había quedado abierta *Emilia Galotti*.[4]

No cabe decir nada sobre la consternación de Alberto y la pena de Carlota.

El viejo administrador llegó de un salto al saber la no-

4. En el prólogo hemos indicado cómo este detalle responde a la realidad efectiva del suceso que inspiró a Goethe. *Emilia Galotti*, de Gotthold Ephraim Lessing (1729-1781), y escrita en 1772, era entonces la única obra de gran aliento trágico, y Goethe y los jóvenes del *Sturm und Drang* la adoptaron como favorita. Por otra parte, su tema la hace apropiada para quedar al lado de un suicida: trata de una joven a quien mata su padre para salvar su honor.

ticia; besó al agonizante, entre cálidas lágrimas. Sus hijos mayores le siguieron pronto a pie, y se arrojaron junto a la cama, con la expresión del dolor más desatado, le besaron las manos y la boca; y el mayor, que era al que más había querido, se colgó de sus labios hasta que le separaron, llevándose a la fuerza a los niños. Hacia las doce de la mañana murió. La presencia del administrador y sus órdenes evitaron un alboroto. Por la noche, hacia las once, le enterraron en el lugar que había deseado. El viejo y los niños siguieron el cadáver; Alberto no pudo, porque se temía por la vida de Carlota. Le llevaron unos artesanos. Ningún sacerdote le acompañó.

Este libro ha sido impreso en los talleres
de Novoprint S.A.
C/ Energía, 53 Sant Andreu de la Barca
(Barcelona)